Alfred Goubran

Ort
Erzählungen

Alfred Goubran

ORT

Erzählungen

braumüller
literaturverlag

Bibliografische Information der Deutschen Nationalbibliothek
Die Deutsche Nationalbibliothek verzeichnet diese Publikation in der
Deutschen Nationalbibliografie; detaillierte bibliografische Daten
sind im Internet über http://dnb.d-nb.de abrufbar.

1. Auflage 2010
© 2010 by Braumüller Literaturverlag
in der Braumüller GmbH, Servitengasse 5, A-1090 Wien
http://www.braumueller.at

Cover: © by Nicolas Mahler
Druck: Druckerei Theiss GmbH, A-9431 St. Stefan im Lavanttal
ISBN: 978-3-99200-011-1

Ohne mich gehst du, mein Büchlein, zur Stadt, und ich will
es dir gönnen.

Ovid, Tristia

An Land

Tagsüber stand er im Laden, bediente Kundschaft, nahm Bestellungen auf und leitete sie weiter; er sichtete die Post, empfing Vertreter und Lieferanten, schlichtete Bücher in die Regale, drapierte die Schaufenster und ordnete die Verkaufstische. Wo er etwas zu tun *sah*, erledigte er es selbst. Mußte er etwas erklären, dem Lehrling oder einem neuen Mitarbeiter, nahm er sich Zeit, bis er sicher war, daß der andere ihn verstanden hatte. Er schätzte keine Vertraulichkeiten, interessierte sich nicht dafür, was seine Angestellten nach Feierabend machten, wo sie herkamen oder in welchen Verhältnissen sie lebten. Weder lobte noch tadelte er sie und lieber bürdete er sich eine zusätzliche Arbeit auf, als sie auf ihre Versäumnisse aufmerksam zu machen. Wurde es ihm aber zuviel – eine Kleinigkeit mochte den Ausschlag geben –, zitierte er den Betreffenden nach Ladenschluß zu sich, sagte (es fiel ihm schwer genug, überhaupt etwas zu sagen): „Es tut mir leid, aber ich muß in Zukunft auf ihre Mitarbeit verzichten", händigte ihm die schriftliche Kündigung aus und ließ sich den Erhalt bestätigen. Unangenehm wurde es nur, wenn der *bislang tadellose* Mitarbeiter von ihm Erklärungen verlangte oder dachte, durch lange Reden seine Entscheidung noch rückgängig machen zu können. Er sagte dann nichts, hörte zu und wartete, bis der andere von selbst an ein Ende gekommen war. Die meisten aber blieben still. Waren von ihrer Entlassung wie vor den Kopf geschlagen. Zumindest eine Zeit lang … Zweimal war er verklagt und – wegen Nichteinhaltung von Fristen – zu einer Geldbuße verurteilt worden. Seitdem hatten die Kontrollen zugenommen: Finanzamt, Gewerbeamt, Gebietskrankenkasse. Ansuchen auf Ratenzahlung oder Zahlungsaufschub, die von diesen Stellen bisher immer ohne Probleme gewährt worden waren, wurden nun ausnahmslos abschlägig beschieden – wenn überhaupt Antwort kam. Rechnungen, die er auch nur einen Tag nach dem *Ultimo* beglich, waren mit den höchstmöglichen Zinssätzen belegt und die fristgerechte Bezahlung wurde mit Strafandrohungen eingemahnt, die in keinem erkennbaren Verhältnis zu den geschuldeten Beträgen standen, so daß, eines zum andern genommen, kein Zweifel darüber bestehen konnte, daß er *bei den Ämtern* in Ungnade gefallen war.

Es war eine kleine Stadt und *bei den Ämtern* bedeutete hier etwas anderes als in der Großstadt oder den ländlichen Gegenden, wo das Amt von der Person, die es ausübt, oft nicht zu unterscheiden ist. Die Anonymität der Metropolen ist dem Kleinstädter fremd. Ein Gang durch die Stadt beweist ihm, daß *die Welt ein Dorf ist*, in dem jeder jeden kennt – und sei es nur vom Hörensagen. Jeder kann jederzeit ins Gerede kommen, über jeden ist, will man es wissen, etwas zu erfahren, findet sich eine Meinung, eine Geschichte, ein Urteil. So ist in der Kleinstadt jeder Einwohner mindestens zweimal da: Einmal als Gerücht und einmal als Person, die er *für sich* ist.

Dort, wo er *für den anderen* uneinsehbar wird, beginnt für den Kleinstädter die Anonymität: In den eigenen vier Wänden, in seinem Kopf; bei den Gedanken und Empfindungen, die er *für sich* behält.

Tritt ihm das Anonyme von außen entgegen, als Vorschrift oder Gesetz, begreift er es als Maske und Vorwand, hinter dem sich *immer* eine Person und Persönlichstes verbirgt. Das äußert sich auch daran wie er *vom Staat, der Polizei* oder *den Ämtern* spricht: Als wären sie ein *reales* Gegenüber, ein Nachbar, den man noch nicht kennengelernt hat, aber jederzeit aufsuchen und in die Kenntlichkeit zwingen kann. Anonymität, sei es seine eigene oder die der anderen, ist dem Kleinstädter nur etwas Vorläufiges, Geduldetes. Man könnte auch sagen: Etwas Gelassenes.

Es ist ihm, aus der alltäglichen Erfahrung seines Lebensraumes heraus, nicht einsehbar, wie etwas, das ihm soviel abverlangt, ihn unablässig befragt, kontrolliert und sein Leben bis ins Kleinste bestimmt, selbst kein Gesicht haben kann. Es ist ihm nicht möglich, das Räderwerk der Maschine zu sehen, in dem er verrechnet und als Einzelner von unpersönlichen, mechanischen Kräften zu Informationen zermahlen wird, die, je genauer, je detaillierter sie sind, Merkmale und Kennzeichen eines Dritten werden, das man *auch* ist: Ein nach arithmetischen Vorgaben aus Nummern und Zahlen zusammengesetztes Phantombild, ein Profil ohne Gesicht, das dem Einzelnen nicht ähnlicher sieht als sein eigenes Röntgenbild oder das Häufchen Asche, das er einmal sein wird. Der Kleinstädter sieht dieses Räderwerk nicht, weil das Anonyme in ihm selbst nicht stark genug ist, weil, *wo die Welt ein Dorf ist*, ein solches Abgleiten in die Gesichtslosigkeit nicht möglich ist.

Das gilt auch für den Verwalter, den Beamten, den Schreibtischtäter. Er vertritt das Anonyme wie eine fremde Macht. Er ist sein Stellvertreter, sein *Organ*, ist sein Ohr, sein Auge, seine ausführende Hand. Er mag ein *kleines Rädchen* sein, aber er weiß um seine Macht und ist sich seines Spielraumes bewußt.

Wer sich in der Kleinstadt im Umgang mit den Behörden als *schwierig* erweist, auffällig wird, hat sich schnell einen *Ruf* eingehandelt, der *bei den Ämtern* die Runde macht. Es gibt zwar keine *schwarze Liste*, aber nur, weil sich niemand die Mühe macht, die Namen aufzuschreiben.

Der *Ruf* ist wirkungsvoller als jede Liste. Er verbreitete sich auf wunderbare Weise wie von selbst. Die Verwalter, die Beamten, die Masken des Anonymen: Sie gleichen einem Rudel Hunde, die an ihren Schreibtischen die Schnauzen in die Höhe recken und gleichzeitig Witterung aufnehmen.

Aber das machte ihm keine Angst. Sein Ruf *bei den Ämtern* war ihm egal, die Unannehmlichkeiten erträglich. Sie schöpften nur ihre Möglichkeiten aus, wo er ihnen Gelegenheit dazu bot. Das blieb in der Ordnung.

Darüber hinaus *sah er* in dieser Angelegenheit nichts zu tun.

Ließ es die Arbeit zu, ging er am Nachmittag in die *Rote Lasche* und aß eine Kleinigkeit. Das Restaurant lag der Buchhandlung gegenüber, auf der anderen Seite der Kreuzung. Er kannte Paul, den Koch, noch aus Berufsschulzeiten. Viele seiner Kunden waren hier Stammgäste und wenn er das Lokal betrat, traf er immer auf bekannte Gesichter. Er wechselte mit den Anwesenden ein paar Worte, ging in die Küche, gab bei Paul seine Bestellung auf und setzte sich an einen der Tische im *Extrazimmer,* das um diese Tageszeit meist leer war. Von hier aus konnte er die ganze Kreuzung übersehen. Er hatte seinen Laden im Blick, gegenüber die Apotheke, darüber das Dorotheum, und, ein Stück weiter die Straße hinunter, das ehemalige Haus seiner Tante, in dem er aufgewachsen war, mit der riesigen Altbauwohnung im ersten Stock, den hellen Räumen und hohen Fenstern, dem überdachten Holzbalkon, der auf den Park hinausging, wo heute ein Kaufhaus stand.

In der Buchhandlung seiner Tante hatte er die Lehrzeit absolviert, später mitgearbeitet und das Geschäft nach ihrem Tod übernommen. Von dem Haus und der schönen Altbauwohnung war ihm nichts geblieben. Es war mit Hypotheken überlastet und gehörte längst der Bank. Nur die Buchhandlung hatte er retten können. Seine Tante war auf Esoterik- und Heimatbücher spezialisiert gewesen. Dem entsprach auch die Klientel. Und der Umsatz. Behutsam hatte er nach ihrem Tod das Sortiment erweitert, das *moderne Antiquariat* ausgebaut und Artikel für den Schulbedarf hinzugenommen.

Der Altersdurchschnitt sank, die Umsätze zogen an, aber was übrigblieb, reichte kaum zum Leben. Das Geschäft war zu klein und als sich ihm nach fünf Jahren die Möglichkeit bot, sich zu vergrößern, hatte er die Gelegenheit genutzt, das Geschäft verkauft und den Laden eröffnet.

Aus dem alten Gründerzeithaus war er in das modernste Hochhaus der Stadt gezogen. Die Frequenz war gut, die Miete etwas überteuert, die Stellfläche viermal so groß und die Schaufenster erstreckten sich über die ganze Längsseite des Hochhauses zur Kreuzung hin. Es war die größte Buchhandlung der Stadt.

Im Moment war es noch eine Investition, aber noch ein, zwei Jahre und das Schlimmste war überstanden. Vielleicht konnte er auch die alte Wohnung zurückkaufen ... Aber dann fiel ihm wieder das Kaufhaus ein, die graue Betonwand, die dort gleich hinter dem Haus aufragte und er wußte, daß dies nie geschehen würde.

Im Blick aus den Fenstern des *Extrazimmers* hatte er sein ganzes Leben im Bild. Sein altes, sein neues. Er konnte sich vorstellen, wie andere ihn sahen, von diesen Fenstern aus, ihm zuschauten, wie er aus der Tür kam, die Verkaufsschütten ordnete, ein Plakat in das Schaufenster hing, mit Passanten plauderte ... harmlose Allerweltsbilder, die nichts von Schulden und Arbeit, von Kündigungen, Ämtern und Investitionen erzählten. Gelegenheitsbilder, touristische Schnappschüsse beim Gang durch eine fremde Stadt. Der Laden und er selbst, eingebettet in das Ensemble eines Sommertages, eines Ortes, wie man es sonst nur von Ansichtskarten kennt. Dieser *Blick von außen*, den er selten genug genoß, beruhigte ihn und machte ihn stolz auf das Erreichte.

Jedoch blieben diese Ausflüge in die *Rote Lasche* eine Ausnahme, die er sich nicht öfter als ein- oder zweimal im Monat leisten konnte. Meist begnügte er sich mit ein paar Wurstsemmeln, die ihm der Lehrling brachte und die er dann alleine, über irgendwelche Listen und Schreibarbeiten gebeugt, in seinem *Kabuff* verzehrte – einem schmalen, fensterlosen Raum, der mit Gipskartonplatten vom Verkaufsraum abgeteilt war und ihm als Büro und Lager diente.

Abends ging er als Letzter, schloß ab, brachte die Tageslosung zum Nachttresor der Bank. Gegen acht war er zu Hause. Nach dem Abendessen sah er noch etwas fern. Die Frau schaute mit, saß neben ihm auf der Couch, vor ihnen am Boden lag das Kind in der Wippe und schlief. Still war es, wie in einem Bild, das einer malt, der von draußen durchs Fenster schaut. Dort führte ein Weg in den Wald und weiter den ganzen *Kegl* hinauf, wie die Anhöhe hier genannt wurde. Jäger benutzten ihn, der Bauer, dem der Wald gehörte und an den Wochenenden Wanderer. Oben, wo der Waldweg auf die Bundesstraße stieß, gab es ein Gasthaus, den *Keglwirt*. Er kannte es vom Vorbeifahren, wußte, daß der *Alte Fritz*, dem der Wald gehörte, dort Stammgast war. Jeden Sonntag, meist gegen Mittag, fuhr er zum Kartenspielen dorthin, knatterte mit seiner *Trailmaschine*, einer alten *Yamaha*, direkt am Haus vorbei. Zurückkommen sah man ihn nie. Einmal hatte er oben im Wald das Motorrad abseits vom Weg im Unterholz liegen sehen. Vom *Alten Fritz* keine Spur. Er hatte es aufgestellt und an einen Baum gelehnt. Anfangs war er noch oft alleine in den Wald gegangen, spazieren oder um Bruchholz zu sammeln. „Was auf dem Boden liegt, kannst du dir nehmen", hatte der *Alte Fritz* zu ihm gesagt. Der Wald begann gleich hinter dem Haus. Alter Buchenbestand, der Boden im Mai mit Bärlauch bedeckt, so dicht, daß man ihn mit der Sense schneiden konnte. Das Haus war in den Hang gebaut. Oben führte der Weg, unten eine Forststraße in den Wald. Dazwischen lag das Haus. Das einzige Haus auf dieser Seite des *Kegls*. Wo Waldweg und Forstweg sich teilten, stand ein *Sühnemarterl*, in dem Tag und Nacht immer ein oder zwei Grablichter brannten. Dort, so hatte ihm der Altbauer erzählt, seien zu Napoleons Zeiten vier französische Soldaten von Einheimischen erschlagen worden.

Der *Alte Fritz* und seine Familie waren die nächsten und einzigen Nachbarn. Sie wohnten etwa fünf Kilometer entfernt auf einem großen Bauernhof, drei Generationen in einem Haus. Bauernkinder, so war ihm erklärt worden, lernten bis zu ihrem zwölften Lebensjahr alles, was sie über die Landwirtschaft wissen mußten und danach noch einen Beruf. So hatte der Jungbauer jahrelang als Mechaniker gearbeitet und war jetzt bei der Post angestellt. Er würde den Hof später übernehmen. Der *Alte Fritz* hatte bis zur Pension bei einer Baufirma gearbeitet. Ihr Hof befand sich auf der anderen Seite des *Kegls*, auf einem kleinen Hügel, mit Blick auf die Kleinstadt. Es waren stolze Leute. Vieh- und Waldbauern. Die Kleinstädter, auf die sie herabsahen, bezeichneten sie abschätzig als *Marktler*. Es war eine andere Welt. Der Höhenunterschied betrug etwa zweihundert Meter …

Das allabendliche Beisammensein vor dem Fernseher war ein Ritual, in dem jeder, auch das Kind, stumm seinen Platz einnahm, und in einen tranceartigen Dämmerzustand verfiel, eine Art gemeinschaftlicher, familiärer Apathie. Was zu besprechen war, hatten sie beim Abendessen besprochen oder, untertags, am Telefon. Ausatmen. Draußen kilometerweite Einsamkeit. Wald und Wiesen. Manchmal tobte ein

Siebenschläfer über die Dachsparren. Der Ton des Fernsehers war leise gedreht. Man konnte zuhören, wenn man wollte. Im Ofen brannte ein Feuer. Das Zimmer, ein ausgebauter Dachboden, glich einem langgestreckten Zelt. Die Wände abgeschrägt, von winzigen Doppelfenstern durchbrochen. Am einen Ende das Bad, am anderen das Schlafzimmer. Er hatte es ganz ihr und dem Kind überlassen.

So saßen sie eine Zeitlang, manchmal eine Stunde, manchmal zwei, dann raffte er sich auf, wünschte der Frau und dem Kind eine *Gute Nacht* und ging nach unten, um an dem Haus weiterzuarbeiten.

Im Flur, in einer kleinen Nische unter der Treppe, zog er sich um, warf die schmutzige Kleidung in den Wäschekorb und schlüpfte in die klamme Arbeitsmontur. Er war müde vom Tag, jetzt, am Beginn seiner *Nachtschicht*, müde von der Nacht, wenn ihn, während der Geschäftszeiten, im Laden der Schwung verließ und er in seinem *Kabuff* Löcher in die Luft starrte. Oder schlief er dann wirklich? – Die Umgebung in die Innenseiten seiner Augenlider gestanzt, durchschritt Schlafräume, Galerien, in denen das Gewohnte an Unwirklichkeit gewann, das Reale sich ausdünnte und das Licht in den Augen schmerzt, die Geräusche zu laut sind und alles, was man anfaßt, schwerer wiegt, als es tatsächlich ist ... – Das waren zumindest die Symptome.

Sie dauerten nicht an.

Ehe er in die Küche ging, warf er noch einen Blick in sein Zimmer: Ein großes Doppelbett, ein Schrank, ein Wäschekasten ... Es war der einzige Raum im Untergeschoß, der noch bewohnbar war. Gut. Die Heizung war aufgedreht. Er ließ das Licht brennen, betrat durch den Waschraum die Baustelle, ging durch zur Küche, steckte die Halogenlampe an, prüfte den Boden. Um die Unebenheiten aufzufüllen, hatte er gestern zwei Scheibtruhen voll Bodenausgleichsmasse darüber ausgegossen – ein zäher, schlammfarbener Brei, der sich, wenn das Mischungsverhältnis stimmte, von selbst nivellierte. Wie Wasser. Er war mit dem Ergebnis zufrieden. Selten genug, daß etwas leicht ging ... Im Nebenraum suchte er sich sein Werkzeug zusammen, dazu die große Wasserwaage, zwei Säckchen mit Fliesenkreuzen, dann öffnete er einen Karton Bodenfliesen – *Jupiter*, 33x33 cm, Terrakotta, matt – und legte die einzelnen Kacheln probeweise nebeneinander auf. Er war jetzt wach, überlegte die nächsten Arbeitsschritte. *Von innen nach außen*, hatte der *Alte Fritz* gesagt. *Immer von innen nach außen* … Er sammelte die Fliesen wieder ein und holte die Maurerschnur, spannte sie von einer Ecke zur gegenüberliegenden, klemmte das Ende mit der Spannrolle zwischen zwei Ziegelsteine, behielt das lose Ende in der Hand, hob die Schnur und ließ sie einmal auf den Boden schnalzen, wo sie einen hellen Kreidestrich hinterließ. Das wiederholte er von der anderen Seite aus. Im Schnittpunkt der Diagonalen legte er einen alten Arbeitshandschuh hin. Dann ging er in den Waschraum, reinigte das Werkzeug, holte Wasser und begann damit in der Scheibtruhe den Fliesenkleber anzurühren.

Er machte keine Pausen, arbeitete meist bis drei, vier Uhr morgens durch, zog Kabel ein, verputzte die Wände, montierte Steckdosen und Lichtschalter, gipste Verteilerdosen ein, malte, besserte aus … leichte Arbeiten nur, *leise* Arbeiten – die Bohr- und Stemmarbeiten waren den Wochenenden vorbehalten. Trotzdem kam es vor, daß seine Frau manchmal zu ihm herunterkam (wahrscheinlich hatte das Kind sie geweckt) und plötzlich wie ein Geist in der Tür stand, in einem altmodischen Nachthemd, von dem er wußte, daß es noch von ihrer Mutter stammte, das Kind im Arm, in eine Decke gewickelt, über die Schulter gelegt oder an ihre Brust gedrückt, eine

Hand schützend über dem Kinderkopf, wiegend, wippend, das Haar gelöst, eine grobe Strickjacke über dem Nachthemd, die Füße steckten in Pantoffeln, schmucklos, glanzlos, bis auf das goldene Taufkettchen und, in ihre Halsgrube gebettet, ein rubinrotes Glasherz mit silbernem Rand.

Bemerkte er sie/Sah er sie an, sagte sie etwas wie „Und, geht's?", freundlich, leichthin, aber es machte ihn gleich befangen, schon ihre Anwesenheit an diesem Ort und er wußte nichts zu antworten, wußte nicht, ob er weiterarbeiten oder das Werkzeug aus den Händen legen sollte. Gerne hätte er ihr etwas gezeigt, etwas, das fertig war, etwas Schönes. Hätte gerne mit ihr gesprochen, ihr erklärt, was er da machte, mit der Zahnkelle und der Wasserwaage in der Hand, *was es werden sollte*, aber er wußte, *was sie sah* und schwieg. Die aufgerissenen Böden und Wände, die Kabel, die in den Raum hingen, Bretter, Zementsäcke, Schutt. In der Küche stand nur noch der E-Herd an seinem Platz. Wenn sie kochte oder abwusch, mußte sie das Wasser aus dem Waschraum holen. Und immer das Kind dabei. Keine Ahnung, wie sie das schaffte. Was sie mit dem Kind machte, wenn sie kochte oder ob sie nur in die Küche kam, wenn es schlief. Es war eine einzige Zumutung. Ja. Sie mußte gar nichts sagen … Eine Madonna mit

Kind, die ihm im Durchgang zum Waschraum erschien. Ein Spiegel, in dem er sich selbst sah, nachts, um halb drei, im grellen Licht der Baustellenlampe, die zerrissenen Schuhe, das schmutzige Gewand, wie verkommen, wie heruntergekommen er war, was er aus sich gemacht hatte, wer er geworden war ... und um sich herum sah er all das Unfertige, Begonnene, Aufgerissene ... die Zerstörung, die er verursacht hatte und in der sie jetzt zu leben gezwungen war. Ein Spiegel war sie, verständnislos, kalt, unerbittlich. Ein Spiegel, in dem alles unverrückbar an seinem Platz stand, geronnene Zeit, ausweglos, in dem jedes Leben festgefroren und an ein Ende gekommen war. Dahinter nichts. Danach das Dunkel. Der freie Fall.

Es war nicht, *was* sie sah, das ihn verstummen ließ (er sah es ja auch), sondern *wie* sie es sah. Er war körperliche Arbeit nicht gewohnt, war kein Arbeiter, kein Handwerker, kein Bauer. Das Material zehrte an ihm, drang in ihn ein. Statt der Papierfinger waren ihm Erdfinger gewachsen. Eine Staubhaut auf den Händen, immer trocken, immer rissig. Er roch anders, pflegte sich nicht, wie er sollte. Zu den Arbeiten am Haus und im Laden, kam noch die Buchhaltung, der Schriftverkehr, die Rechnungen. Oft mußte er sich Arbeit, die er im Geschäft nicht schaffte, mit nach Hause nehmen … Ja, das waren Grade von Verkommenheit, ja, er hatte sich übernommen, kein Zweifel. Aber das war nur ein Durchgang, wie der Schlaf mit offenen Augen. Diese aufgerissenen Böden und Wände, der Dreck … – das war nicht von Dauer. Es konnte nicht von Dauer sein …

Wollte er zu ihr von den schönen, den fertigen Dingen sprechen, dann nicht, um von dieser trostlosen Realität abzulenken oder etwas *schönzureden*, sondern weil er diese Ausweglosigkeit, der sie verfallen war, in dieser Realität nicht sah. Sie war kein Thema. Er kannte schwierige Zeiten. Er verlor nicht den Kopf, wenn die Probleme zu groß wurden, wie damals, nach dem Tod seiner Tante, als es um *alles* ging und ihm die Bank auch das Geschäft wegnehmen wollte. Er wußte, wie es ist, wenn die Unmöglichkeiten um einen in die Höhe wachsen, wenn sie ihre Schatten werfen und den Horizont verdunkeln, er kannte die Chimären der Ausweglosigkeit, die, wenn sich die Schatten verdichten, wie Mauern in dieses Dunkel hineinführen und Sackgassen bilden, wo es, solange man atmet, keine Sackgassen geben kann.

Er konnte durch dieses Dunkel nicht hindurchsehen, auf ein gutes Ende hin oder eine unerwartete Lösung – er war kein Hellseher. Aber er konnte wissen, was er tat, solange er den Kopf nicht hob. Das war ein Blick nach unten, auf das Nächstliegende zu, wo er etwas zu tun *sah*. Auch das war eine Aussicht.

In diesem Spiegel aber, zu dem sie geworden war, galt er nicht mehr, als ein Schwätzer.

Es gibt eine Scheu im Menschen, das Unglück herbeizureden. Man klopft auf Holz, um gutes Gelingen nicht zu *verschreien*. Im Guten, im Bösen – der Ausgang einer Sache liegt nicht in unseren Händen. Nichts kann so schlimm sein, daß es nicht noch schlimmer, nichts so gut, daß es nicht noch besser kommen könnte. In beiden Fällen kommt etwas hinzu, mit dem wir nicht gerechnet haben. Etwas, das unsere Vorstellung übertrifft. Das dürfen wir nicht verwirken. Deshalb schweigen wir.

Es gibt eine Scheu im Menschen, sich an das Ausweglose zu gewöhnen, an die Erfolglosigkeit, das Scheitern, das Unglück, sich in der Kraftlosigkeit einzuhausen. Der Glaube an die Ausweglosigkeit ist ein Laster, an das man sich gewöhnen muß, wie an jedes andere Laster auch. Dazu muß man *sich gehen lassen*. Und geht in die Spiegel hinein. Dort ist man *wie gelähmt*. Es ist keine Zeit in den Spiegeln. Es ist kein Ausgang zu finden. Da nützt es nichts, wenn man den Kopf unten behält und sich bescheidet.

Er hätte es wissen können: Diesmal war es anders. Die Frau, das Kind. Auch er war in den Spiegeln.

Er hatte sich an sie gebunden.

Die nächsten Wochen waren hektisch und unangenehm. Auslöser war der Endbescheid einer Steuerprüfung, die er im Sommer gehabt hatte. Seine Aufstellung war nicht vollständig gewesen, einige Unterlagen fehlten und waren unauffindbar geblieben. *Keine große Sache*, hatte sein Steuerberater gesagt, *das kommt vor.* Es handelte sich auch nur um kleine Summen. Nun klang alles anders: Das Finanzamt habe die fehlenden Belege zum Anlaß genommen, um seine Steuerschuld zu schätzen. Eine Berufung sei zwecklos. – Das Finanzamt war, wie es schien, nicht sehr gut im Schätzen. Die Summe war enorm. Aber es blieb in der Ordnung.

Die Umsätze der Sommermonate waren erwartungsgemäß niedrig ausgefallen, er hatte keine Rücklagen und mit der Bank erst vor wenigen Wochen einen neuen Kredit ausgehandelt, um die Ware für das Weihnachtsgeschäft einzukaufen. Er mußte diesen Kredit aufstocken. Den wahren Grund konnte er dabei nicht angeben. Kredite für Steuerschulden gab es nicht. Die Verhandlungen zogen sich über Wochen, immer neue Bilanzen und Geschäftspläne mußten beigebracht, eine Lebensversicherung abgeschlossen, ein Blankowechsel unterschrieben werden und am Ende wollten sie auch noch einen Bürgen, den er nicht beibringen konnte. Er bekam das Geld trotzdem. Die Konditionen waren miserabel.

Seiner Frau erzählte er von all dem nichts. Er arbeitete weiter an dem Haus, bekam ihr Leben nur am Rande mit. Haushalt, das Kind, Besuche beim Bauern, beim Arzt, in der Stadt …

Anfang November war die Küche endlich fertig, der Boden und die Wände verfliest, die Küchenkästen eingebaut, es gab eine große Nirostaspüle, einen neuen Herd, sogar einen Geschirrspüler, den sie immer gewollt und er für überflüssig gehalten hatte. Sie räumte die Kästen ein, die Bestecklade, er montierte an den Vorhangstangen herum. Vielleicht freute sie sich tagsüber, wenn er nicht zu Hause war.

Auf dem *Kegl* wurde es Winter. Unten in der Stadt war wenig davon zu spüren. Oben lag der Schnee einen halben Meter hoch. Einen halben Tag brauchte er, um den Hof freizuschaufeln, die Auffahrt und dann noch das Stück bis zur Straße.

Über Weihnachten fuhr sie mit dem Kind nach Wien. Sie hatten vereinbart, daß sie ihn anrief. Am

Weihnachtsabend war er zu Hause. Blieb in Hör-
weite des Telefons, putzte die Zimmer, räumte die
Werkzeuge weg. Für dieses Jahr war es genug. Das
Eßzimmer und den Nebenraum konnte er im Früh-
jahr fertigmachen.

Die letzten Tage des Jahres brachte er damit zu,
die Inventur vorzubereiten. Auch die Jahresabrech-
nung stand an. Er kaufte Wandkalender für das Haus
und ein paar Blumentöpfe mit Weihnachtssternen,
die er in die Fenster stellte. Einmal kamen die Bauern vorbei, um zum Neuen Jahr zu gratulieren. Er
machte Kaffee und sie aßen von den Keksen, die sie
mitgebracht hatten. Sie fragten nach seiner Frau und
dem Kind. Es war ihnen anzumerken, daß sie es
merkwürdig fanden, daß er die Festtage allein verbrachte. Der Besuch machte ihm keine Freude. Er
war froh, als sie wieder fort waren.

Das Jahr war noch keine zwei Wochen alt, als er vom
Handelsgericht einen eingeschriebenen Brief erhielt:
Ein Lieferant aus Deutschland hatte einen Konkurs-
antrag gegen ihn gestellt. Der Termin zur Prüfung
über die Eröffnung des Konkursverfahrens war in
zehn Tagen.

Er rief seinen Steuerberater an. Auch wenn er die
Rechnung sofort bezahlte, mußte das Gericht die

Zahlungsfähigkeit des Betriebes prüfen. Er müßte ein Vermögensverzeichnis vorlegen und genügend Barmittel haben, um die Anlaufkosten des Konkursverfahrens zu decken. Am besten wäre es, so der Steuerberater, er nehme sich einen Anwalt.

Noch am Nachmittag ging er zur Bank. Das Konto war im Plus, die Weihnachtsgeschäfte zufriedenstellend gewesen. Er behob alles Geld, schöpfte auch den Überziehungsrahmen aus. Anwalt nahm er sich keinen.

Das Handelsgericht entschied über die Eröffnung des Konkursverfahrens, ein Masseverwalter wurde bestellt und ein neuer Gerichtstermin vereinbart. Der Steuerberater setzte ihn schriftlich davon in Kenntnis, daß sämtliche Unterlagen vom Masseverwalter abgeholt worden waren. Der Masseverwalter setzte ihn mündlich davon in Kenntnis, daß ihm alle Geschäftsunterlagen zu übergeben seien, daß er künftig keine Post mehr erhalten würde, auch keine private, da diese zu ihm umgeleitet werde. Er könne aber einmal in der Woche die Post in seiner Kanzlei, gegen Voranmeldung, einsehen. Er, der Masseverwalter, sei ab jetzt für die *Geschäftsgebarung* verantwortlich, sei befugt, die Briefe zu öffnen, Mietverträge zu kündigen und es dürfe auch keine Bestellung mehr aufgegeben werden, ohne sich mit ihm abzusprechen.

„Was ist mit Kundenbestellungen?"

„Nur gegen Vorauskasse."

Die Tageseinnahmen und Kassenbelege seien täglich seinem Mitarbeiter zu übergeben.

„Wovon soll ich leben?"

„Sie bekommen, wenn es Einnahmen gibt, Geld von mir." Er nannte ihm den Betrag. Er war jetzt *Gemeinschuldner.*

Der Mitarbeiter des Masseverwalters erschien jeden Abend nach Geschäftsschluß im Laden, einmal, am Wochenende, kam er auch ins Haus. Er entschuldige sich, aber er müsse ein Inventar anlegen.

„Ein Inventar wovon?"

„Von ihrem Vermögen."

Sie gingen durchs Haus, schauten auch in den Schuppen. Der andere nahm manchmal etwas in die Hand, suchte bei Geräten nach Typenbezeichnungen, murmelte vor sich hin, schrieb etwas auf, sagte: „Sie wohnen sehr schön, aber für mich ist nicht viel dabei."

„Das gehört alles meiner Frau."

„Das Haus ist auf Ihre Frau eingetragen, ich weiß – aber die Einrichtung, das werden Sie vor Gericht beweisen müssen."

Und als er schwieg: „Können Sie das?"

„Es gehört alles meiner Frau."

Und nach einer Weile: „Nur das Werkzeug gehört mir."

„Und wo ist Ihre Frau?"

„In Wien."

„In Wien?"

Er ließ ihn stehen und ging ins Haus.

Bei der nächsten Tagsatzung stellte der Masseverwalter den Antrag, den Laden zu schließen, die Angestellten zu kündigen und die Vermögenswerte des *Gemeinschuldners* einzuziehen. Die Miete sei zu teuer, die Kosten zu hoch, die Umsätze gering. Er hatte recht. Dem Antrag wurde stattgegeben.

Er ging nach dem Gerichtstermin in die *Rote Lasche*, bestellte einen Kaffee, setzte sich ins *Extrazimmer*, schaute auf die Kreuzung, den Laden, überlegte, was das jetzt alles für ihn bedeutete. Nach einer Stunde verließ er das Lokal, ging in den Laden und schickte seine Mitarbeiter nach Hause. Er ließ alles wie es war, schloß ab und fuhr mit dem Bus in die Kanzlei des Masseverwalters, um die Schlüssel abzugeben.

„Auch das Auto", sagte der Masseverwalter.

Er hatte schon daran gedacht, legte die Schlüssel und die Papiere auf den Tisch.

„Ihre Post interessiert Sie nicht?"

„Nun ..." er griff hinter sich, in einen Stapel Papiere, reichte ihm ein Blatt, „... das sollten Sie vielleicht lesen."

Das Kuvert war geöffnet und rechts oben mit einer Heftklammer an der Seite befestigt. Es bog es zurück, darunter der Briefkopf einer Rechtsanwaltskanzlei, die er nicht kannte. Im Namen seiner Frau wurde er aufgefordert, das Haus bis zum ersten Mai zu räumen.

Der Masseverwalter beobachtete ihn aufmerksam. Er grinste nicht, aber er grinste. Zumindest kam es ihm so vor.

„Das Auto steht vor dem Laden."

„Gut."

„Ach ja ...", er war schon an der Tür: „Wenn sich Ihre Wohnadresse ändert, teilen Sie es mir bitte mit. Wir sehen uns sonst beim nächsten Termin, im ..."

„Im Juni."

„Ja, zweiundzwanzigster, neun Uhr."

Der Bus hielt am Fuß des *Kegls*, in einer kleinen Siedlung. Es gab dort einen Gasthof und ein Lebensmittelgeschäft (oder wie es hier genannt wurde und was zutreffender war: Einen Gemischtwarenladen). Er trat ein und kaufte eine *Fassung* – Vorräte für eine

Woche, fragte die Besitzerin, die er von früheren Einkäufen her kannte, ob sie die Ware auch liefern könne. Sie rief nach dem Sohn, der trug die Kartons hinaus und verstaute sie in einem Lieferwagen. Er vereinbarte mit ihm gleich einen Termin für nächste Woche, schrieb während der Fahrt seine Bestellung auf einen Block, den ihm der Junge gab. Als sie ankamen, war es schon dunkel. Er räumte die Kartons aus, heizte ein, ging nach oben und sah fern, bis er vor dem laufenden Fernseher einschlief.

Eineinhalb Monate blieb er auf dem *Kegl*, ohne ein einziges Mal in die Stadt hinunterzufahren. In dieser Zeit hatte er zweimal Besuch. Sonst kam nur der Junge mit den Lebensmitteln vorbei. Er kaufte auch Vogelfutter, kramte im Schuppen die Vogelhäuschen heraus, hängte sie an ihre alten Plätze. Das Schlafzimmer der Frau betrat er nie. Es stimmte, was er dem Laufburschen des Masseverwalters gesagt hatte: Ihm gehörte hier nichts. Sein ganzes Geld hatte er in den Laden gesteckt. Das Baumaterial, die Arbeit – das zählte nicht, man konnte es von dem Haus nicht ablösen. Die Möbel waren gebraucht, die Küchengeräte hatte er von dem Geld gekauft, das sie von ihrer Großmutter zur Hochzeit bekommen hatten. Sie lebte in Linz, war sehr alt und gebrechlich und konnte sich die lange Reise nicht zumuten. Das Sparbuch hatte sie mit der Post geschickt. Und eine Glückwunschkarte.

Der erste Besuch war ein Mann vom Elektrizitätswerk. Er wies sich aus, wollte Geld von ihm.

„Aber die Quartalsrechnung ist doch bezahlt."

„Ja, schon."

„Dann ist ja nichts offen."

„Ja, schon, aber Sie sind im Konkurs."

„Und?"

„Wenn Sie die offene Rechnung nicht zahlen, muß ich den Strom abstellen."

„Welche offene Rechnung?"

„Das, was offen ist."

Gab er ihm das Geld, blieb ihm nichts mehr. Er zeigte dem Mann den Verteilerkasten, bekam eine Quittung. Gut, daß er Kerzen bestellt hatte. Gut, daß es kalt war, so konnte er die Lebensmittel draußen lagern.

Er schlief viel. Vom Masseverwalter oder dem Handelsgericht hörte er nichts. Ganz sicher fühlte er sich nur, wenn es geschneit und der *Alte Fritz* die Zufahrtsstraße noch nicht geräumt hatte.

Von den Bauern ließ sich in all der Zeit niemand sehen, bis eines Tages, es war Mitte April, *Lini*, die

Frau vom *Alten Fritz* vor der Tür stand. Das war der zweite Besuch. Sie habe doch einmal nachschauen wollen, sagte sie, wie es bei den Nachbarn so geht. Sie hatte frische Milch mitgebracht.

Er bat sie herein, machte Kaffee. Während *Lini* die neue Küche lobte und sie ein paar Worte über das Wetter wechselten – über Nacht war überraschend Schnee gefallen –, füllte er die Milch in eine Flasche um, wusch die Kanne aus und gab sie ihr zurück. Er servierte den Kaffee und setzte sich zu ihr an den Tisch. Ob er nicht rauche, fragte sie ihn. Sie habe den Geruch so gern. Früher, so erzählte sie, wenn der Fritz und sie im Wald oder auf der Wiese gearbeitet hatten, hätten sie immer in den Pausen oder wenn die Arbeit getan war, eine Zigarette geraucht. Nur eine. Marlboro. „Mah, so gut", sagte sie und bog beim Lachen Schultern und Kopf nach vorn.

Er lachte mit, dann erzählte er ihr alles. Redete ruhig. Sprach wohl eine halbe Stunde lang. Als er fertig war, sagte sie: „Und das Kind?"

Er schüttelte den Kopf.

„Die Menschen …", begann sie, ohne den Satz zu beenden.

Sie ging die Auffahrt hinunter. Eine alte Frau mit Kopftuch, im knielangen Anorak, die schwankende

Milchkanne in der Hand. Grauer Himmel, grauer Schnee. Er wußte nicht viel über sie. Der Jungbauer hatte einmal eine Bemerkung fallen gelassen, wie rücksichtslos sein Vater sich ihr gegenüber verhalten hatte, *als es ihr so schlecht ging.* Das war im Zorn gesagt. Es konnte viel bedeuten. Eine Krankheit, vielleicht Krebs ... Es war das erste Mal seit langer Zeit, daß er wieder Zärtlichkeit für einen anderen Menschen empfand. Mehr noch für diese Gestalt, die in dem Bild der unberührten Landschaft sicher ihre Schritte neben die eigenen Fußstapfen setzte. Die Spur führte auf das *Sühnemarterl* zu und bog dann zur Zufahrtsstraße ab.

Zwei Stunden brauchte er zu Fuß vom Haus in die Siedlung hinunter. Im Lebensmittelgeschäft stornierte er seine Bestellung und fuhr dann mit dem Bus in die Stadt. Die *Rote Lasche* hatte geschlossen. Im *Theatercafé* erfuhr er, daß der Wirt gestorben war. Letzte Woche. Bei einem Autounfall. Eine Zeit lang irrte er scheinbar ziellos durch die Stadt, setzte sich in den Schillerpark, genoß die Sonne, die Luft, die hier viel wärmer als am *Kegl* war.

Er schlenderte zum Bahnhof, sperrte in der Gepäckaufbewahrung seine Tasche in ein großes Schließfach und betrat durch einen Seiteneingang die große Bahnhofshalle. Dort, im Gedränge der an- und abreisenden Menschen, habe ich ihn aus den Augen verloren.

Terra Nullius
Meine Wälder

Das *Moser Verdino* gehört, neben dem *Sandwirth* oder dem *Hotel Palais Porcia*, zu den sogenannten besseren Hotels der Stadt. Früher gab es noch das *Musil*, mit dazugehörendem Restaurant, Café und einer hauseigenen Konditorei. Solche Zusammenschlüsse sind selten und für den Hotelgast ein gutes Omen, denn Konditor wird man nicht ohne Neigung. Es ist ein Beruf, der im Wesentlichen auf Verfeinerung beruht. Das gilt schon für seine Entstehung. Wer den Bäcker vom Konditor zu unterscheiden sucht, hört oft als Antwort: „Ein Konditor bäckt kein Brot" – das ist eine Abgrenzung nach unten, zum Notwendigen hin, die das ursprüngliche Handwerk nicht verwirft; seine sichere Beherrschung wird zur Voraussetzung, wird solides Fundament. Ein Verhältnis, das in dem Wort *Zuckerbäcker* zum Bild wurde.

Natürlich war das *Musil* das Lieblingscafé meines Vaters. Nicht wegen der Verfeinerung, sondern wegen der Solidität. Die Bedienung war akkurat, die Preise nicht überteuert, der gute Ruf begründet. Gelegentlich, wenn Gäste von auswärts kamen, aß er dort auch zu Mittag. Das *Musil* oder „der" *Musil*, wie es die Einheimischen nannten, war eine Institution. Sonntags standen die Menschen bis auf den Gehsteig hinaus, um Speiseeis oder Mehlspeisen für zu Hause einzukaufen, eine Geburtstagstorte vom *Musil* war etwas Besonderes. Manchmal begleitete ich Marianne, unsere Haushaltshilfe, nach der Sonntagsmesse „noch schnell in die Confiserie", wie sie sich in ihrer altjüngferlichen Art ausdrückte. Wir mußten nie lange warten. Das Päckchen „für den Herrn Oberst" lag schon bereit, darin auch die von meinem Vater so geschätzte und nur am Wochenende erhältliche „Oberssschnitte" (heute noch verhasple ich mich, in Gedanken und mache, wie damals, eine Oberstcremeschnitte daraus). Seine Leibspeise ... *Leibspeise* – was für ein Wort! Man muß es sich auf der Zunge zergehen lassen – ob man will oder nicht! *Leib-speise.* Es schmilzt im Mund wie ein Stück Butter. Woran liegt das? An dem Ei-ei? *Leibspeise.* Zuerst ein *L* mit der Zungenspitze gegen die Vorderzähne getippt, die Kinnlade klappt auf, das erste *ei* schlüpft in den Mundraum, deutlich hörbar dem *ai* – wie in Brotlaib – verwandt und im Abgang mit einem kaum wahrnehmbaren *h* versehen, als setzte es Segel, Analogon des Lebenshauchs, ein Wehen, über das sich die Lippen schließen, das *B*, nicht zu weich, samtig – der Buchstabe zeichnet die Form der aufeinander ruhenden Lippen. Jetzt beginnt es an den Zähnen zu speicheln, zischend entweicht ein *schp*, das harte *p* muß sich verdoppeln, um das zweite *ei* einzuleiten, die

Kinnlade klappt erneut nach unten – doch ist es hier mit einer simplen Wiederholung nicht getan: Dieses *ei* bedarf der Mundwinkel, die leicht nach hinten gezogen werden, als breite ein Gaukler vor dem Publikum seine Arme aus. Auch dieses *ei* setzt Segel, doch hat sich ein Schlangen-*s* darin geborgen. Gefährlich klingt es an, der Schluß, ein *e*, bleibt offen. Kein Happy End. Gern setzt man den Punkt dahinter, auch wenn das Wort alleine steht …

So liege ich tastend und phantasierend auf meinem Bett, klappe den Mund auf und zu wie eine kleistsche Marionette. Mein Selbstgespräch ein Flüstern. Seltsam, daß ich mich jedesmal beinahe in einen Schwachsinnigen verwandle, wenn ich meinen Vater erinnere. Ich stolpere über einen Satz, ein Wort und beginne geistige Bocksprünge zu machen. *Leibspeise* … schon das *Speiseeis* hätte mich warnen sollen. Kleinigkeiten sind es, die mich abstoßen. Die Stimmung ist weg, die Tür fällt zu. Nun bin ich vollends wach und an Schlaf ist in den nächsten Stunden nicht zu denken. Das war schon gestern so. Zu Hause …

Ich taste nach dem Lichtschalter, knipse die Nachttischlampe an. Mein Vater … ich kann ihn nicht erinnern. Erinnern, denke ich, setzt eine gewisse Stimmung und Gestimmtheit voraus. Die Bilder kommen am Schlafrand. Menschen, Orte,

Laute treten aus dem Vergessen wie aus Träumen hervor, manche voller Scheu und zögernd, andere fordernd, mit einer Heftigkeit, die erschrickt. Mir ist dieses Erinnern ein Glück. Etwas, das verloren war, kehrt wieder. Auch wenn Unangenehmes erinnert wird, peinliche Situationen, Taten und Handlungen, die wir bedauern oder für die wir uns schämen, so klingen wir nach solchen Durchgängen doch anders. Die *Stimmung* hat sich verändert. Schlagen wir eine Saite an, schwingen die anderen unhörbar mit. Insofern ist mir das Erinnern ein Glück: Der Ton wird voller, im besten Fall harmonisch.

Ein Falter klappt seine Flügel zusammen, schlägt ein Loch in die Zeit. Eben waren wir noch ganz in das Studium seiner Makel und Farben vertieft. Erinnerungen wie Kurzschlüsse sind das, geheime Verbindungsgänge, Zusammenhänge, die wir nicht verstehen. Und wäre es nicht denkbar, daß dieser Tunnel auch in die umgekehrte Richtung beschritten werden kann? Oder daß, was wir in Träumen sehen, auch in solchen Zusammenhängen und Berührungen existiert?

Die Wahrheit ist: Mein Vater hat keine Gegenwart in mir und mein Unvermögen ihn zu erinnern, ist ein deutlicher Hinweis darauf, daß er für mich nie eine Gegenwart hatte. Daß ich ihm diese Gegenwart, wahrscheinlich schon als Kind, verweigert habe. Wie und warum ich das getan habe, weiß ich nicht. Ich könnte jetzt in meinem Gedächtnis kramen wie man auf Speichern und alten Dachböden stöbert, aber das ist keine *lebendige* Erinnerung. Was sich dort findet, ist immer verwittert, abgenutzt, verstaubt, in mehr oder minder fortgeschrittenen Stadien des Verfalls und der Zersetzung begriffen. Deshalb hat das Gedächtnis *Lücken*; was dort hineinfällt *verfällt*. Es bleibt vom Zugriff der Zeit nicht verschont.

„Kunst kommt von Können" pflegte mein Vater zu sagen, als wäre damit alles gesagt. In Wirklichkeit ist damit nichts gesagt, doch weiß man, wo solche Sätze fallen, mit wem man es zu tun hat.

Mit wem hatte ich es zu tun, all die Jahre? Kunst – vielleicht meinte er damit die Kriegskunst, wofür ich keine Belege habe – oder das Schachspiel, dem er, wenn auch nicht leidenschaftlich, so doch mit einer gewissen Ausdauer anhing. Jedes Wochenende tauschte er Uniform und Tellerkappe gegen Anzug und Hut und verbrachte die Nachmittage bis spät in den Abend hinein mit Kollegen aus seinem Schach-verein im *Gasthof Müller*. An die Kriegskunst dachte ich, weil mein Vater Berufsoffizier war. Soviel ich weiß, war er mit internen Arbeiten, die Ausbildung betreffend, betraut. Er war kein Soldat, weder von seinem Wesen noch von seiner Haltung her. Es ist ein Zug der Zeit, daß die Unterschiede verblassen; die Nivellierung erfaßt auch die Rangunterschiede, verwischt die äußeren Zeichen. So gab es Zeiten, wo jeder Beamte seinen Anzug wie eine Uniform trug. Heute sieht man Staatspräsidenten in Jogginghosen und Turnschuhen herumlaufen.

Wo das Uniforme zunimmt, verlieren die alten Uniformen ihre Bedeutung. Ich habe meinen Vater nie mit einer Waffe gesehen, doch ich weiß, daß er in seiner schwarzen Aktentasche, die er stets bei sich trug, wenn er unter der Woche die Kaserne verließ, einen Revolver verwahrte.

Wir bewohnten in den Offiziersunterkünften die untere Hälfte eines Hauses. Ich teilte mit Marianne, die für mich zuständig war, ein Zimmer. Kinder und Kasernen, das geht nicht zusammen. Vor allem nicht, wenn man dort das einzige Kind ist. Nicht mehr als ein Schatten der vom Gezweig der Bäume an die Kasernenwand geworfen wird. Die Vormittage verbringe ich im Kindergarten, später in der Volksschule, die Nachmittage im Hort. Wenn mein Vater nach Hause kommt, liege ich schon im Bett. Im Sommer werde ich in den unterschiedlichsten Ferienlagern untergebracht, katholischen und weniger katholischen. An Kinderfreundschaften erinnere ich mich nicht. Ich weiß, daß meine Gesellschaft dem Vater unangenehm war. Wo er konnte, vermied er es, mit mir alleine zu sein. Übrigens – auch das gehört hierher – hat er mich nie bestraft oder gescholten; selbst diese Art der Zuwendung blieb mir versagt.

Zweimal im Jahr, an meinem Geburtstag und kurz vor Weihnachten, fuhr er mit mir in die Stadt. In einem Spielzeuggeschäft, dem *Spielzeug Hobby*, durfte ich mir ein Geschenk aussuchen, anschließend spazierten wir zu Fuß durch die Stadt, über den *Neuen Platz* in die *10.-Oktober-Straße* zum *Musil*, wo ich eine Tasse heiße Schokolade bekam und ein Stück Torte meiner Wahl. Mein Vater trank Tee und las die Zeitung. Schweigend saßen wir an einem der kleinen Tische beim Fenster und ich war sehr stolz auf ihn. An solchen Tagen trug er auch seine Uniform. Ich mochte die Sicherheit, mit der er sich unter all diesen Leuten bewegte. Er zog die Blicke auf sich, tat aber so, als bemerkte er es nicht. Ich genoß diese Augenblicke und zögerte sie hinaus, solange ich konnte.

Unser Weg führte uns jedesmal am *Moser Verdino* vorbei (Unter meinem Fenster? ... Ich unterdrücke den Impuls, wieder aufzustehen und hinunterzusehen). Auch hier gab es ein Café, im Sommer saß man im Freien, den Gehsteig entlang waren Stühle und kleine Tischchen aufgestellt, jedoch war die Klientel, verglichen mit dem *Musil*, eine ganz andere. Alles, und das merkte man schon im Vorbeigehen, war auf *Flair* angelegt. Das Revier von Lebemännern, Gecken würde mein Vater sagen, hätte er etwas gesagt (aber er sah gar nicht erst hin). Die Männer waren gepflegt (nicht nur gekämmt und gewaschen), die Frauen versuchten zu gefallen. Da waren Accessoires wichtig: Brillen, Uhren, Handtaschen, Schuhe. Bei den Männern dominierte lässige Eleganz, die Frauen waren vom Typ, der in Reitställen aufgewachsen ist oder es doch gerne wäre. Das Mädchenhafte konserviert sich an ihnen, machte sie *apart*. In meiner Generation wurden daraus Kunstgeschichtestudentinnen. Das Gros dieser Leute setzte sich aus verarmten Aristokraten und Möchtegernaristokraten zusammen, Dandys und Gigolos, Söhnen in erster Linie, Söhnen von Waldbesitzern und Richtern, die „dünnen Söhne der dicken Väter" (ich glaube, Gogol hat das geschrieben) – ich habe sie später alle kennengelernt. Die Mädchen rekrutierten sich aus den

„höheren Töchtern" der Stadt oder hübschen Maturantinnen – schön und lebenshungrig mußten sie sein. Diese Gesellschaft, die im *Moser* verkehrte, und sich *gerne* öffentlich zeigte, bot einen kuriosen Anblick in der kleinen, weltengen Stadt. Es gab noch andere Orte, wo sie sich traf, etwa das *Platzl* am *Neuen Platz* oder, an Regentagen, im *Sasie*. Dieses Lokal, im ersten Stock eines Innenhofs gelegen, war nicht größer als ein Wohnzimmer und der Besitzer, Raffi, verkaufte dort auch Jazzplatten (… Tatsächlich, es gab damals kein einziges Plattengeschäft in der Stadt. Wie lange ist das her … zwanzig Jahre?). Das *Sasie* war auch ein beliebter Treffpunkt für Schulschwänzer, die dort ihre Vormittage beim Würfelpoker zubrachten. Wollte man bei einem Rendezvous nicht gesehen werden, verabredete man sich im Café *Ingeborg* in der Radetzkystraße. Im Sommer verlagerten sich die Fischgründe an den See, nachts in Diskotheken wie die *Cesathek*, das *Tropic* oder das *Drop in*. Eine Provinzbohème, wie sie typischer nicht sein konnte. Auch wirkliche Originale waren darunter: Der Bauer Ludwig etwa, Loui, wie ihn alle nannten. Obwohl schon weit über fünfzig, war er vitaler als die meisten Zwanzigjährigen. Tagsüber saß er auf dem Traktor, pflanzte seinen Mais, bestellte seine Äcker (so ging zumindest das Gerücht), abends besuchte er die Lokale der Jungen, stand am Tresen, gab eine Runde nach der anderen aus. Er war nicht dumm: Er ließ sich ihre Gesellschaft etwas kosten, aber er ruinierte sich nicht dabei. Es war im Grunde ein harmloses, ausgleichendes Vergnügen, und hatte nichts zu tun mit den üblichen Nachstellungen älterer Männer.

Ein anderer, Peter, ein gelernter Tischler, den es in die *Moser*-Gesellschaft verschlagen hatte, sah so aus, wie ich mir Phillip Marlowe, Chandlers ritterlichen Privatdetektiv, immer vorgestellt hatte: Ein männliches, etwas in die Länge gezogenes, kantiges Gesicht, groß, breitschultrig und von einer Attraktivität, der sich niemand entziehen konnte. Männlicher Eros – das ist selten. Ruhe und Bewegung, die aus der Ruhe kommt. Peter wurde nie laut; seine Männlichkeit war nicht von der Art, die sich beweisen mußte. Ich arbeitete einmal ein paar Wochen für ihn. Wir fuhren über Land und verkauften den Leuten Gummidichtungen für Fenster und Türen. Ich glaube, es war eine rechte Bauernfängerei. Ein paar Mal haben wir uns im *Moser* getroffen. Er war dort bekannt. Eine seiner Freundinnen erinnert sich mir: Sie hatte dieses große, breite Vogue-Gesicht, wie es damals Mode war. Gut für Filmschauspielerinnen. Typen wie Peter sieht man heute nicht mehr.

Vielleicht werden sie wieder ausgegeben, wie jetzt die Nachbauten der Autos aus den 30er Jahren.

Der „schöne Friedrich" mit seiner rothaarigen Freundin, die im schwarzen Porschecoupé mit offenem Verdeck durch die St. Ruprechter Straße brauste, wo ich damals für ein Jahr wohnte, war vielleicht so ein Nachbau. Er hatte ein kleines Café, das *Fritz*, in das ich später manchmal, nach durchzechten Nächten, mit einem Freund einfiel. An Sonntagen, den Alkohol und die Drogen im Kopf, saßen wir morgens um neun, auf samtgrünen Polsterbänken, das Interieur aus rotem Holz, wie in einer Schiffskajüte, zwischen diesen alten Leutchen, die meisten Friedhofsbesucher, und ließen uns vom „schönen Friedrich", der so groß war, daß er den Kopf einziehen mußte, wenn er durch die Tür trat, aufwarten: Erdbeerschnitten, Tramezzini, eingelegte Artischockenherzen, Muschelsalat, Wachteleier, ein Glas Sekt, Orangensaft, Kaffee und Kapern, Speisen wie Skulpturen, mit farbigen Spinnenbeinen und schillernden Flügeldecken, kleine lebende Landschaften, die wir in uns hineinschlangen – ich glaube, der „schöne Friedrich" hatte keine Ahnung, was er uns da auftischte. *Trout Mask Replica*. Er machte gute Miene zum bösen Spiel. Später wurde mir erzählt, daß er bei der Scheidung von der schönen Rothaarigen alles verloren hat und ein Kunstmaler geworden ist.

Ich schätze solche Menschen wie Peter, Loui oder den „schönen Friedrich", Menschen, die anders, oder wie man hier sagt, die *eigen* sind. Mit ihnen ist das Leben nicht langweilig. Das ist heute viel: Ein Leben. Ob es im Öffentlichen, vor allem in den „germanischen Ländern" überhaupt noch möglich ist, bezweifle ich längst. Die Normierung erreicht hier andere Grade, als in den südlichen und den romanischen Ländern. Ich habe in meiner Lektüre dem Verschwinden der „Originale", dem Abnehmen der Eigenart in unseren Breitengraden nachgespürt. Ein letztes Aufflackern ist in den 50er Jahren zu bemerken, dann ist es endgültig vorbei und der Typenschwund durch keine Demokratisierung der Welt mehr aufzuhalten.

Zu meinem Glück, muß ich sagen, konnte ich selbst noch Felderfahrung sammeln. Ich habe miterlebt, wie diese Stadt in wenigen Jahren von Grund auf verändert wurde, wie sich die Gewichte verschoben. Erfahrungen, wie ich sie noch gemacht habe, waren zehn Jahre später schon unmöglich geworden. Es fehlte das, was ich den „anarchischen Grundwasserpegel" nenne. Wo er gesenkt wird, geschieht es auf Kosten des Originals. Die Austrocknung fördert den Anbau von *Typen*, die Folge sind menschliche Monokulturen. Langeweile greift um sich, das Verlangen nach Zerstreuung, nach „Bewegt-werden" steigt; es fehlt an Humor, kaum einer, der noch ein Urteil in sich trägt. Die herzerfrischendsten Vorurteile verschwinden, alle sind differenziert, die Wagnisse kalkuliert, die Ausgelassenheiten vorsätzlich, die Farben blaß und geschmacklos. Man könnte das fortsetzen. Es ist bekannt. Es ist hundertfach beschrieben und vorhergesagt.

Das Verschwinden der Vielfalt ist nur *ein* Symptom der großen Bewegung, die uns erfaßt hat, tektonischen Verschiebungen vergleichbar, deren Umfang und Ausmaß unsere Vorstellung übersteigt. Solche Bewegungen sind nicht aufzuhalten. Sie wirken sich zuerst in den Großstädten aus und verbreiten sich nach und nach über das ganze Land. Einer dieser Nivellierungsschübe geschah in den späten 50er-, ein anderer in den 70er-Jahren. Weitere folgten, wobei zu bemerken ist, daß die Abstände zwischen den einzelnen Schüben sich verringern. Die Bewegung ist dynamisch. Der Unterschied zwischen Großstadt und ländlichen Gebieten, Metropole und Provinz, ist durch neue Kommunikationstechnologien, die vor allem von den Medien genützt werden, und flächendeckende Infrastruktur faktisch aufgehoben. Dieser

Verzögerung aber, dieser *Rückständigkeit*, verdanke ich meine Erfahrungen. Es gab hier noch Spielräume auszuloten, die woanders längst nicht mehr existierten. Spätestens mit dem Bau der Universität änderte sich alles. Die Akademiker und Studenten haben alles kaputt gemacht. Alles, wofür sie plötzlich zuständig waren, hatte es vorher auch gegeben. Aber es war in anderen Händen gewesen.

Daß man zuerst ein Sumpfgelände trockenlegen mußte, um diese Universität zu errichten, versteht sich beinahe von selbst.

Ahnungslos, welchen Zeiten wir entgegengingen, und zumindest in dieser Unwissenheit verbunden, spazierten mein Vater und ich zweimal im Jahr an diesem Hotel vorbei, in dem ich jetzt gelandet bin, obwohl das *Moser Verdino* heute natürlich ein ganz anderes Hotel ist, wie alles nach zwanzig, dreißig Jahren anders geworden ist, mich selbst eingeschlossen. Trotzdem habe ich einen kurzen Moment der Erinnerung, in dem ich damals, während ich mit meinem Vater an den Kaffeehaustischchen vorbeiflanierte, gleichzeitig an einem der Fenster stehe und auf die Straße hinunterblicke, wo ein kleines Kind, ein Päckchen in der Hand, neben einem Mann in Uniform hergeht. Es hat den Kopf ganz zu den

Menschen, die in dem kleinen Gastgarten sitzen, herumgedreht; kaum, daß es über die Tische sieht, hat es sich plötzlich selbst in der Fensterscheibe des Cafés entdeckt; und ein Stückchen weiter weg, den Tellerhutkopf seines Vaters, das Gesicht halb verdeckt von einem großen Eisbecher, in dem obenauf ein kleines Schirmchen steckt. Irgendwie ist es in Ordnung, denke ich, daß ich im *Moser* untergebracht bin, obwohl das Hotel eigentlich viel zu teuer für mich ist. Wenn schon hochstapeln, dann hier. Es war das erste Hotel, das mir in den Sinn kam, als ich mich zu dieser Reise entschloß. Ganz weltmännisch habe ich das gemacht, die Reservierung, das Ausfüllen des Meldeformulars, der Reisepaß, das Trinkgeld im Voraus … aber ich weiß, daß es doch nur altmodisch war. Für den „Weltmann von heute" habe ich zuviele Skrupel und man sieht es mir an. Das andere nicht. In diesem Sinn ist auch nichts aus mir geworden. Das ist es, was man sieht.

Ich bin zum ersten Mal in diesem Hotel. Während ich mit meinem Koffer und dem Anzug auf der Suche nach meinem Zimmer durch die Korridore laufe, fällt mir auf, daß einige der Zimmer nach berühmten Künstlern, Musikern und Schriftstellern benannt sind – ein Umstand, der eher verstörend

wirkt, bedenkt man, daß die wenigsten Künstlerle-
ben glücklich waren: Ingeborg Bachmann – an ihre
Prosa will ich gar nicht denken – ist in ihrem Bett
verbrannt. Trotzdem hat sie hier ein Zimmer. Gustav
Mahler ebenso. Ich bin am Ende des Ganges im
Brahms-Zimmer untergebracht. Vielleicht hat es
irgend etwas mit Brahms zu tun, daß ich nicht schlafen kann. Gott sei Dank behütet mich hier meine
Unbildung – ich weiß nichts über Brahms. Gleich
neben dem Fenster ist eine Informationstafel angebracht. Ich habe den Vorhang darüber geschoben.

Es ist zwei Uhr morgens. Ich habe ein Bad genommen und die Mineralwasserflasche zur Hälfte geleert.
Ich fühle mich fremd in diesem Zimmer und weiß,
daß ich vor fünf Uhr nicht werde einschlafen können,
wenn es mir überhaupt gelingt. Wie sinnlos das ist:
So ein schönes, teures Hotelzimmer und ich kann
nicht einschlafen. Lieber wäre ich zu Hause, bei meinen Büchern, an meinem Schreibtisch. Ich würde, wie
immer, wenn ich nicht schlafen kann, einen Spazier-
gang durch die menschenleere Innenstadt machen,
am Volksgarten vorbei, zur Albertina, dem Hrdlicka-
Denkmal einen Besuch abstatten, Gespräche mit
stummen Karyatiden und versteinten Nymphen füh-
ren, ehe ich nach einer oder zwei Stunden wieder in

meine Wohnung zurückkehrte, um noch ein wenig in den Büchern meiner Lieblingsautoren zu schmökern. Wie sinnlos das hier ist. Aber ich war sofort dazu entschlossen gewesen, als mich die Nachricht vom Tod meines Vaters erreichte, an seinem Begräbnis teilzunehmen. Ich habe den schwarzen Anzug, ein weißes Hemd und eine Krawatte eingepackt, bin in das Antiquariat gefahren, habe mir aus der Handkassa einen Vorschuß genommen und eine halbe Stunde später war ich schon auf der Südautobahn. Ich will gut aussehen, wenn ich zu dem Begräbnis gehe, aber nach zwei Stunden Schlaf kann man nicht gut aussehen. Und ich spüre den größten Widerwillen in mir, mich Marianne oder irgend jemand anderem in dieser Stadt, der mich von früher kennt und dem ich zufällig über den Weg laufen könnte, in angegriffener Verfassung zu präsentieren. Solche Begegnungen sind nicht ungefährlich. Man glaubt sich ja auch immer den Menschen, der man geworden ist, erzählt sich ununterbrochen eine Geschichte über sich selbst, sein Herkommen, seine Erlebnisse, was man verstanden, was man eingesehen, was man gelernt hat und dieses Erzählen wird Erzählung, wird Fundament, auf das man sein Selbstbild baut.

Aber so genau kann kein Gedächtnis sein, daß nicht mit Überraschungen zu rechnen ist. Im besten

Wissen kann man sich über seine Vergangenheit täuschen. Eine Begegnung, eine Erinnerung reicht aus, um zu erkennen, daß man sich nur etwas vorgemacht hat, daß, wo man sich Entwicklungen und Fortschritte geglaubt hat, in Wirklichkeit alles beim Alten geblieben ist oder, noch schlimmer, daß man genau der geworden ist, der man nie sein wollte und den man von frühester Kindheit an im anderen verabscheut hat.

Solche Begegnungen sind immer möglich, doch gibt es Situationen, die sie wahrscheinlicher machen. Mein Aufenthalt in dieser Stadt zählt dazu. Noch habe ich niemandem aus meiner „alten Zeit" getroffen, noch bin ich verschwunden, bin in den Herzen und Köpfen der Menschen, die mich gekannt haben, der geblieben, als der ich damals die Stadt verließ. Was immer in diesen Menschen von mir noch vorhanden ist, ob wahr oder ein Zerrbild, ob üble Nachrede, Gerücht oder doch besseres Angedenken – ich will es nicht wissen.

Ich will meine Erzählung nicht korrigieren.

Nach der Volksschule schob mich mein Vater, konsequent, wie er war, in ein Internat ab, dem Namen nach ein katholisches Priesterseminar, etwa zwanzig Kilometer vor der Stadt, auf einem der Hügel gelegen, die zu beiden Seiten die Ebene des ehemaligen

Zollfeldes säumen. Der Unterricht war humanistisch, die religiösen Pflichtübungen erschöpften sich in sonntäglichen Messen, gelegentlichen Andachten und Exerzitien. Die Erziehung lag in den Händen von Priestern und Nonnen, die Lehrer kamen von außerhalb.

Vielen meiner Mitschüler war das Internat eine Qual, ein Gefängnis, während ich es schon nach wenigen Wochen – der Kaserne entronnen, die doch jeden Abend auf mich gewartet hatte – als Befreiung empfand. Das lag schon an der Landschaft. Sie ist mir heute noch ins Herz geschrieben.

Etwas anderes kam hinzu: Das Internat war in seinem inneren Aufbau, seiner Ordnung und seinen Regeln überschaubar. Die Autorität war nicht anonym. Mein Vater bezog seine Autorität im Prinzip daraus, daß er sich mir entzog und das Gespräch verweigerte. Das schaffte eine bedrohliche Atmosphäre, in der man sich vorsichtig, ja verhalten bewegen mußte und kaum zu atmen wagte. Die Grenzen waren nur zu raten, ebenso die Art und das Ausmaß der Strafe. Kein Wunder also, daß ich das strenge Reglement im Internat zu schätzen wußte. Ja, ich forderte es geradezu heraus, als könnte ich es durch die Übertretung noch bestätigen.

Dieses Vaterschweigen klebte an mir wie flüssiges, kaltes Glas, etwas Zähes, Durchsichtiges, das sich zwischen mich und die Welt geschoben hatte und sich hier im täglichen Miteinander in der Schule, am Spielplatz, in den Speise- und Schlafsälen allmählich verlor. Plötzlich hatte ich es mit Menschen zu tun. Wirklichen Menschen. Eigentlich eine Selbstverständlichkeit. Auch als „Mitmensch" war ich wohl das, was man einen Spätentwickler nennt. Eine der Folgen dieser Verzögerung war, daß ich mich als Einzelner begriff, der dieser *neuen* Welt gegenübertrat, was bald zu Konflikten führte. Dann mußte immer Marianne kommen, um das Schlimmste abzuwenden.

Meine Besuche zu Hause werden selten. Oft, wenn ich komme, ist mein Vater nicht da, sondern „auf Dienstreise", wie es heißt. Es ist mir lieber so und schließlich verzichte ich ganz darauf, an den Wochenenden nach Hause zu fahren. Ich glaube, ich habe meinen Vater in den vier Jahren meiner Internatszeit keine zehn Mal gesehen.

Ich bin vierzehn, als ich auf eigene Faust meine Streifzüge durch die nächtliche Stadt beginne. Im Internat erzähle ich, daß ich nach Hause fahre, zu Marianne sage ich, daß ich im Internat bleibe. Ich verbringe meine Nächte in Diskotheken, schlafe in alten leerstehenden Häusern oder am Bahnhof in ausrangierten Waggons. Meine Erfahrungen beginnen sich von denen meiner Mitschüler zu unterscheiden, die Schule interessiert mich nicht. Als es am Jahresende zum Hinauswurf kommt, ist es wieder einmal Marianne, die mich abholt. Ich werde zu „Sprachferien" nach Frankreich geschickt. Bei meiner Rückkehr ist alles entschieden: Mein Vater bricht jeden Kontakt mit mir ab. Ich bekomme ein möbliertes Zimmer am anderen Ende der Stadt, in der Nähe der neuen Schule, in einem Hinterhofgebäude, das dem Besitzer des Gasthofs *Kaschitz* (später *Waidmannsdorferhof*) gehört. Mein Vater bezahlt die Miete. Ich erhalte Essensmarken für den Gasthof und ein monatliches Taschengeld zur freien Verfügung. Für alles Weitere, zusätzliche Ausgaben, benötigte Unterschriften des Erziehungsberechtigten und Ähnliches, muß ich mich an Marianne wenden.

So beginnt mein neues Leben. Ich wohne mit Arbeitern, Tunnelbauern, Spenglern, Kellnerinnen und Friseusen in einem Haus. Mein Zimmer wird zum Treffpunkt für alle Schulunwilligen, Arbeitslosen und Herumtreiber der Stadt. Im Sommer fahre ich *per Autostop* in den Süden. Ich wiederhole die

Klasse, sitze noch ein halbes Jahr ab, dann ist meine Schulpflicht beendet.

Denke ich an die Exzesse, an die Phasen von Selbstzerstörung und Selbstbeschädigung, die in den nächsten Jahren folgten, so wundert es mich, überlebt zu haben. Und ich frage mich, ob ich wirklich so anders bin oder meinem Vater doch ähnlicher, als mir lieb ist. Ob ich meinen Lebenshunger, das Getriebensein, bis in die furchtbarsten Exzesse hinein, nicht ihm zu verdanken habe? Schließlich: Wozu hat man Söhne, wenn nicht, um das zu leben, wofür man sich zu schade war. Ganze Generationen haben das belegt. Und immer war es eine Befreiung. Was *treibt* denn, wenn nicht das Ungelebte, das Unverwirklichte und Verheimlichte, das ins Leben kommen und verwirklicht werden will? Dann lebt man sich für andere ab …

Vielleicht war es so, Vater, vielleicht ist das ein Erbe, ein Dienst, den man den Eltern schuldet. In fremden Wäldern. Im Niemandsland …

Ein Hotel mit vielen Zimmern war diese Zeit. Jedes Zimmer ein Lokal, ein Freundeskreis, neue Gefährten … jedes Zimmer eine Insel, auf die es uns verschlug und auf der, wie zum Opfer, immer einer zurückbleiben mußte, den man erinnern, den man beschwören kann, wie einst Odysseus die Schatten. Seine Irrfahrt ist – wie jede Irrfahrt – ein Kreisen um den Hades, um den Eingang ins Totenreich, der von einem dreiköpfigen Kerberos bewacht wird, und auch in meiner Erzählung spielt die Drei eine wichtige Rolle. Sie könnte an der Tür des ersten Zimmers stehen, das auch das letzte ist. Einmal ist es das *Café im Künstlerhaus*, dann das Restaurant *Rote Lasche*, einmal ist es Frau Dreier, die im weißen Arbeitsmantel über ihr Café und ihre Künstler wie ein Zerberus wacht, das andere Mal Franz Dreier, Wirt, mit Ersterer nicht verwandt, der mir im *gunstwerk gourmet zur roten lasche* die Tür aufhält, als wäre es das Tor zur Welt, durch das ich dieses Totenreich verlasse. Bei einem Unfall auf der Südautobahn, morgens um vier, touchiert sein Wagen die Leitplanke, gerät ins Schleudern. Es gelingt ihm, den Wagen unter Kontrolle zu bringen. Der Rest ist Hörensagen: Er steigt aus und irrt im Dunkeln über die Fahrbahn, bis ihn ein Lastwagen erfaßt und überrollt. Er ist auf der Stelle tot.

Die Aufenthalte im *Café im Künstlerhaus* waren harmlos. Wir hüteten uns, unter den strengen Augen der Besitzerin, uns, wie man sagt, „daneben zu benehmen", tranken literweise Kaffee und beobachteten die anwesenden Künstler. Wir hatten bei der *Caritas* viel zu große Anzüge, Krawatten und gebrauchte, gelbrandige Hemden gekauft und so versucht, uns ein halbwegs bohèmehaftes Äußeres zuzulegen. Wir verfaßten Gedichte und schrieben experimentelle Texte, die wir uns nachts in meinem Zimmer vorlasen, aber sonst keinem zeigten.

Aus meinem Hotelzimmer im *Moser Verdino* schaue ich in das *Café im Künstlerhaus* wie in einen Zoo, einen Menschenzoo, dem Frau Dreier alias „Der große Hagenbeck", wie wir sie nannten, vorstand. Der legendäre Humbert Fink saß breitbeinig an seinem Tisch vor der Theke und las – damals schon den ganzen Körper mit Metastasen durchsetzt –, deutsche Zeitungen. Von den Malern waren anwesend: Der einarmige Hoke, düster wie Hagen, Professor Moro, Zeichenlehrer und Hebamme des späteren Rainer-Schülers Franco Kappl, der junge Wolfgang Walkensteiner, Lex Barker wie aus dem Gesicht geschnitten, der bacchusköpfige Professor Kulnig, dem man sein Laster schon von weitem ansehen konnte, der Karikaturist Piber sowie allerlei Künstlerdamen in weiten, indischen Gewändern oder engen Röhrenhosen, deren Namen mir entfallen sind und von den Literaten (Gott sei Dank) nur Alois Brandstetter.

Eine völlig singuläre Erscheinung unter diesem Aufguß aller in allen Künstlercafés zu allen Zeiten sich versammelnden Künstlern war Viktor Rogy. Stundenlang saß er alleine, in tadelloser Haltung, vor einem Glas Rotwein, ohne sich mit jemandem zu unterhalten. Manchmal stellte er sich das volle Glas auf seinen kahlen Kopf, begann unvermittelt mit hoher Fistelstimme zu singen oder brüllte ansatzlos einem der anwesenden Künstler quer durch das Lokal eine Beschimpfung ins Gesicht, setzte den Hut auf und war verschwunden, ehe der Beleidigte auch nur begriffen hatte, was geschehen war. Viktor Rogy, Künstler und „Originalgenie", das er war, gestaltete später die Lokale *Rote Lasche*, *geist* und das *om* für Franz Dreier, der so sein Förderer wurde. Ehe er Viktor Rogy verfiel, hatte er sich für den Buddhismus interessiert und die vegetarische Küche.

Also waren wir Dichter geworden, aus eigenen Gnaden, ohne jemals eine Zeile veröffentlicht zu haben. Ehe ich in Beweisnot kam, hatte ich das *Café im Künstlerhaus* schon wieder verlassen und in anderen Lokalen Aufenthalt genommen. Die Haare wurden länger, der Anzug gegen Jeans und gebatikte Hemden eingetauscht. Der *Wolter* (später *Kamot*) am nördlichen Stadtrand war lange Zeit das einzige Lokal, in dem man etwas vom Lebensgefühl der 68er nachholen konnte. In der Domgasse öffnete ein Plattengeschäft, das *Meki*, am Lendhafen gab es neuerdings das *Jazzcafé* (später *geist*, noch später *Lendhafencafé*), gleichzeitig mit der Universität öffnete der *Uni Club* seine Pforten. Das Studentische war mir – wie die Schule – von Anfang an verhaßt. Plötzlich hatte man mit jungen Leuten zu tun, die sich politisch wichtig machten und kleideten wie man selbst, statt in braunen Trachtenanzügen oder mit der roten Nelke im Knopfloch herumzulaufen. Also wechselte ich wieder die Kleider und fing mit dem Trinken an. Ich war Sozialtrinker, allein in meinem Zimmer rührte ich keine Flasche an. Um Geld zu beschaffen, hatte ich angefangen zu dealen. Zuerst weiche Drogen, Trips, Marihuana, Tabletten, später Kokain.

Es war das letzte Jahr.

Ich kam an eine Grenze.

Das Telefon läutet. Ich sehe auf die Uhr am Fernsehapparat. Vier Uhr zwölf. Niemand weiß, daß ich hier bin. Ich lasse es mehrmals läuten, schließlich hebe ich ab.

„Hermann …" Eine Frauenstimme.

„... gut, daß ich dich erreiche. Ich dachte ... ich wollte dir nur sagen, daß es mir leid tut. Ich muß verrückt gewesen sein, auch nur eine Sekunde daran zu denken, dich gegen einen Konzertabend mit dem Pokorny einzutauschen. – Hör zu, sag jetzt nichts ..."

Ich sage nichts.

„Das mit dem Pokorny und mir ist lange vorbei. Ich wollte dich nicht verletzen. Ich habe morgen den ersten Flug gebucht, am frühen Abend kann ich bei dir sein. Ja? Du mußt jetzt nichts sagen. Ich liebe dich. Ja? Bitte gib mir noch eine Chance. Es wird alles gut ... Ja?"

Ich lasse den Telefonhörer sinken, halte ihn in der Hand, soll sie doch mit ihrem Hermann reden, was geht das mich an. Ich warte noch eine Weile, dann lege ich auf.

Ich bedaure es, bei Franz Dreiers Begräbnis nicht dabei gewesen zu sein. In diesem letzten Jahr war es mir zur Gewohnheit geworden in die *Rote Lasche* essen zu gehen. Das Publikum in dem Lokal war bunt gemischt: Theater- und Filmleute, Lektoren, Verleger, Schriftsteller, Regisseure, auch Kaufleute und Arbeiter, die sich von der Atmosphäre angezogen fühlten. Es war Leben in dem Lokal und Franz Dreier achtete darauf, daß ein gewisses Niveau nie unterschritten wurde, daß die Kultur weder bei den Mahlzeiten noch bei der Konversation zu kurz kam. Als ich kein Geld hatte, hat er mich einen ganzen Monat lang durchgefüttert – Essen, Getränke, Zigaretten – und nie ein Wort über die Bezahlung verloren. Solche Flauten aber waren die Ausnahme. Die meiste Zeit über schwamm ich in Geld. Kokain: Wer genug davon hat, dem öffnen sich alle Türen, in Nobelclubs ebenso wie in Bordellen. Wer genug davon hat, ist beseelt von dem Gefühl, daß er jeden kaufen kann. Und in den meisten Fällen stimmt das auch.

Ich erinnere mich an eine nächtliche Autofahrt nach Graz und retour, bei der ich vier Stunden ununterbrochen sprach. Die freigesetzte Energie kommt an kein Ziel. So auch beim Sex: Stundenlanges Rammeln ohne Orgasmus. Jeder Beischlaf eine Lektion in Pornographie. Außerdem verträgt man Unmengen an Alkohol, was über kurz oder lang zu einem Blackout führt. Oft mußte ich mir am nächsten Tag von einem meiner Saufkumpane erzählen lassen, was ich in der Nacht getrieben, wie ich mich aufgeführt hatte. Eines Morgens verließ ich das Haus und sah, daß mein Auto einen Totalschaden hatte. Ich konnte mich an nichts erinnern. Ob ich gegen einen Baum gefahren war oder einen Menschen getötet hatte …

Ich machte auf der Stelle kehrt, ließ das Auto weg-
schaffen und legte mich ins Bett, das ich für die
nächsten drei Tage nicht mehr verließ.

Manchmal wachte ich in der Ausnüchterungszelle
des Polizeigefangenenhauses auf, einmal sogar in der
Psychiatrie. Das war in einer anderen Stadt: Ich hatte
mich selbst eingewiesen, als ich nach einer durchzechten Nacht mein Auto nicht mehr gefunden hatte.
Es hatte stark geschneit, ich war müde, hatte kein
Geld und war plötzlich wie wahnsinnig vor Angst, ich
könnte erfrieren. Zuerst versuchte ich es am Bahnhof
bei der Polizei, aber man wies mich ab. Schließlich
akzeptierte ein Taxifahrer meinen Führerschein als
Pfand und fuhr mich zum Krankenhaus. Dem auf-
nehmenden Arzt sagte ich, ich sei am Ende, wüßte
nicht mehr weiter, hätte Angst, daß ich mir etwas
antue. Als Grund gab ich an: „Liebeskummer".

Eines Tages bot mir einer meiner Kunden, Robert,
er war Türsteher einer Frühbar, als Bezahlung für
seine Schulden eine Waffe an. Ich saß bei ihm zu
Hause, das Gespräch war in eine Sackgasse geraten –
er konnte nicht zahlen, wollte Aufschub *und* zusätz-
lichen Kredit –, als er wortlos aufstand und aus dem
Nebenzimmer diese Waffe holte. Eine Pistole.
Schwarz. Er legte sie zwischen uns auf den Tisch.

„Ich brauche keine Waffe", sagte ich.

„Ist unregistriert …"

„Ist sie geladen?"

„Klar."

Ich rührte sie nicht an, schaute zu, wie es in ihm arbeitete. Plötzlich leuchteten seine Augen auf. „Das ist es!", rief er und klatschte in die Hände.

„Was?"

„Wir spielen darum?"

„Worum?"

„Alles: Die Schulden … und weitere fünf Gramm."

„Wofür?"

„Mein Leben. Russisches Roulette, verstehst du?"

„Nein."

„Schau …"

Er hatte keine Chance. Ehe ich etwas begriff, hatte er schon die Pistole in der Hand, sie entsichert, in den Mund gesteckt und abgedrückt. Eine Bewegung. Ich hörte den Schuß nicht, sah kein Blut. In meinen Ohren summte es und wo eben noch Roberts Kopf gewesen war, starrte ich jetzt auf eine leere Wand.

Ich weiß nicht, wie lange ich dort saß. Zehn Minuten, zwanzig … Endlich stand ich auf. Robert lag in einer Blutlache neben dem Stuhl auf dem Boden. Ich ging hinaus, schloß die Tür. Im Flur hörte ich schon die Sirenen. Als ich aus der Tür trat, stand plötzlich Franz Dreier vor mir.

„Ah, schau an: Der Dichter", begrüßte er mich, wie es seine Art war.

Ich war zu verwirrt, um etwas zu sagen. Es war gegen fünf Uhr morgens. Ich hatte keine Ahnung, was er um diese Uhrzeit hier zu suchen hatte.

Zwei Polizeiwagen bogen mit quietschenden Reifen in die Straße ein, bremsten scharf und kamen neben uns zu Stehen.

„Ham sie uns angrufn?", brüllte einer der Beamten, noch ehe er ganz ausgestiegen war.

„Nein, Herr Inspektor, wir gehen hier nur spazieren", sagte Franz Dreier. Und: „Was ist denn los?"

„Nichts, was Sie etwas angehen könnte. Gehns weiter."

Dann hasteten sie zu viert die Stiege hinauf. Franz Dreier begleitete mich noch ein Stück die Straße hinunter. Er sprach kein Wort. Erst beim Abschied sagte er: „Sie müssen besser auf sich achtgeben, Herr Dichter. Sie sind noch jung."

Ich nickte.

„Also: Bis am Abend", und tippte mit der Hand einen Abschiedsgruß an die Stirn.

„Bis am Abend", antwortete ich.

Das war das letzte Mal, daß ich ihn gesehen habe.

Es ist nicht gut, denke ich. Es ist nicht gut, daß ich zurückgekommen bin.

Eine Weile liege ich still und höre in mich hinein, dann springe ich aus dem Bett und beginne zu pakken. Wenn ich jetzt fahre, bin ich spätestens um elf wieder zu Hause. Das ist zu schaffen.

Beim Aufräumen fällt mir der Brief der Heeresleitung in die Hand. Weiß der Teufel, wie sie meine Adresse herausgefunden haben. Da steht: „… beim Reinigen der Dienstwaffe verunglückt".

Früher wäre das eine Umschreibung für Selbstmord gewesen. Früher … Ich knülle den Brief zusammen und werfe ihn in den Papierkorb.

Ich denke, ich kann auf dieses Andenken verzichten.

Bessere Menschen

Rauch stand im Hof des Internatsgebäudes, den Rücken an die sonnenwarme Mauer gelehnt, die Augen geschlossen. Bald hörte er sie kommen: Ein Rascheln im Gang, hallende Schritte, Gemurmel von Worten. Eltern und Zöglinge, die aus dem Haupteingang ins Freie strömten, Taschen und Kleiderbündel in den Händen, sich voneinander verabschiedeten, manche schon in Ferienlaune, andere ganz zurückgenommen, verändert im Beisein der Erwachsenen. Seine Klassenkameraden. Zwerenz. Grußlos tauchte sein Kopf in den Fond der schwarzen Mercedeslimousine. Der Chauffeur schloß die Tür. Er sah aus wie ein Priester. Am Beifahrersitz saß eine Frau, Kopf und Schultern von einem Stück Himmel verschattet.

Lautlos rollte der Wagen vom Parkplatz, bahnte sich seinen Weg durch die Abreisenden. Elegant. *Bessere Leute* waren das ... Er wußte nicht viel von Zwerenz, nur, daß die Frau am Beifahrersitz nicht seine Mutter war und Zwerenz Vater irgendein hohes Tier beim Militär. Deshalb der Wagen. Die Frau trug Handschuhe. Auch im Sommer. *Bessere Leute* waren das, nicht wie der Rest von ihnen: Arme Landkinder und Buben aus der Stadt, die, wie Rauch, aus *kleinen Verhältnissen* stammten. Die meisten wußten nicht einmal, was das war. Kannten nichts anders. Trotzdem waren sie zu einer Schicksalsgemeinschaft geworden, über die Jahre … Vier, um genau zu sein. Mehr würden es auch nicht werden – zumindest soweit es Rauch und Zwerenz betraf.

Rauchs Mutter war noch einmal hinaufgegangen, um mit dem Präfekten zu reden, um, wie sie gesagt hatte, *sich bei ihm zu bedanken*. Rauch hatte sie nicht abgehalten. Soll ihr doch der andere die Freude kaputt machen. Zwerenz und Rauch waren nur die letzten Bauernopfer seiner erzieherischen Unfähigkeit. Sechs andere Schüler waren schon unterm Jahr aus der Schule genommen worden. Die mangelnde Disziplin im Heim wirkte sich zuerst auf die schulischen Leistungen aus. Rauch hatte mit der Schule nie Probleme gehabt. Wer vier, manchmal fünf Stunden am Tag gezwungen ist, an seinem Schreibpult zu sitzen, blättert schon aus Langeweile in den Büchern. So lernt man das Notwendigste. Die ganze Erziehungsarbeit bestand im Grunde darin, die Zöglinge sich in dieser Zeit mit *nichts anderem* beschäftigen zu lassen. Aber *Präfekt Heimo*, wie Rauch ihn nannte – auch er ein Landkind –, ein passionierter Orgelspieler und Priester, war kein Erzieher. Er wäre woanders besser aufgehoben gewesen. In einer Landpfarre etwa, bei einer dicken Pfarrersköchin, bei Bauern, Kleinhäuslern und trostsuchenden Witwen, einer Gemeinde, die sich

Sonntag für Sonntag andächtig vor den Hohlformen seiner Autorität verneigte. Als Erzieher von Vierzehnjährigen konnte man sich nicht hinter Meßgewändern, Ziborien und goldenen Kreuzen verstecken. Der *dienende Priester* war hier fehl am Platz. Obgleich mehrmals dazu aufgefordert, hatte Rauch sich immer geweigert, ihn mit seinem Vornamen anzusprechen. Mehr aus Instinkt als aus Überlegung. Der Präfekt dein Freund. Der Präfekt dein Bruder. Das war das Letzte, was ein Vierzehnjähriger brauchte: Einen Erzieher als Spielkameraden. Und weiter: Der Vater dein Freund, die Mutter deine beste Freundin – Nein. Freunde sucht man sich aus. Die Eltern kann man sich nicht aussuchen. Den Präfekten auch nicht.

Rauch hatte ihn ignoriert, von Anfang an, aber nichts *gegen* ihn unternommen. Er hatte in diesem Jahr versucht, nach seinen eigenen Regeln zu leben und die Konfrontation vermieden. *Präfekt Heimo* war eine Fehlbesetzung, keine Bedrohung. Rauchs Hinauswurf war nicht absehbar gewesen. Die Vergehen waren geringfügig: Verspätungen in der Regel, Auslassen des Abendessens, zweimal die Messe geschwänzt und einen Nachmittag am Teich statt in der Studierstube verbracht ... Das war alles.

Zwerenz hatte die offene Auseinandersetzung nicht gescheut und die anderen auch noch angeführt, wenn es *gegen den Präfekten* ging. Mehr als einmal hatte er ihn vor der ganzen Klasse lächerlich gemacht. Konnte dem Reiz der Schwäche nicht widerstehen. Da läuft der Rest gerne mit. Einmal hatten sie ihm sein Bett gestohlen und es, unter Zwerenz Anleitung, auf die Trennwände der Toiletten im Waschraum gehoben. Ratlos war *Präfekt Heimo* von Zimmer zu Zimmer gelaufen, hatte die Schüler einzeln befragt, war dann wieder durch die Korridore geschlichen, stundenlang, bis er endlich vor seinem Bett stand. Hilflos. Hatte die im Waschraum anwesenden, kichernden Schüler um Hilfe bitten müssen. *Das Bett des Präfekten.* Alleine hätte er es nie gefunden. Jemand mußte es ihm verraten haben. Vielleicht hat er einem leid getan. Einem *Braven*.

Zwerenz war natürlich „Fernsehsprecher", das bedeutete: Er legte einmal die Woche die Wunschfilme der Klasse dem Präfekten zur Genehmigung vor. Zwei Monate dauerte es, bis es zum Eklat kam: Trotz Fernsehverbot schlich sich die gesamte Klasse, mit Ausnahme Rauchs, in das Fernsehzimmer und sperrte sich dort ein. *Präfekt Heimo* klopfte ein paar Mal an die Tür; auf die Idee den Strom abzustellen kam er nicht. Sie sahen ihn erst am nächsten Morgen beim Wecken wieder.

Kein Wort zu dem Vorfall.

Präfekt Heimo: Niederlagen über Niederlagen. Demütigungen, gegen die er sich nicht schützen und die er nicht mit gleicher Münze heimzahlen konnte. Das mußte Konsequenzen haben. Natürlich. Und einen Haß geben, eine Bitterkeit, die sich hinter den blassen Wangen einnistete. Die immer gelber wurden. Von Monat zu Monat gelber wurden ...

Rauch kannte diese Ohnmächtigkeit.

Und ihr Gegenteil: *Baum*, ein Priester-Erzieher, der so aussah wie er hieß und sie durch die dritte Klasse geprügelt hatte. *Baums* Spezialität waren Ohrfeigen, die den Delinquenten „einen halben Meter durch die Luft fliegen ließen". Berüchtigt waren seine Abendrunden: Er ging von Zimmer zu Zimmer, riß, wo er etwas hörte (oder zu hören glaubte), die Türen auf, stolzierte, die Arme auf dem Rücken verschränkt, von Bett zu Bett und ließ einzelne *antreten* – „Du!", hieß es dann nur, knapp, im Befehlston. Jede Gegenrede war zwecklos. Die Aufgerufenen mußten neben dem Bett Aufstellung nehmen und warten, bis er seine Runde beendet hatte, bevor sie an die Reihe kamen. Ducken war zwecklos. *Baum* schlug ansatzlos. Man sah den Schlag kaum kommen. Das beste war, sich rechtzeitig in Schlagrichtung zu werfen. Sprang man zu früh, wiederholte *Baum* die Prozedur. So konnte man üben ...

Aber es war nicht immer harmlos. Rauch hatte einmal zusehen müssen – er war zu weit entfernt, um eingreifen zu können –, wie *Baum* einen Schüler am Hosenbund gepackt, in die Luft gehoben, umgedreht und mit dem Kopf drei-, viermal gegen den Boden geschlagen hatte. Wortlos. *Baum* war davon gegangen, hatte sich nicht weiter um den Jungen gekümmert. Dieser federnde, tapsige Bärengang. *Baum* war kompakt. Klein, der breite Brustkorb wie aufgebläht. *Explosiv* beschreibt es wohl am besten. Die am Rücken verschränkten Hände: Eine Drohung.

Rauch hatte es nur einmal erwischt. Er hatte auf eine Frage nicht schnell genug geantwortet und war im nächsten Moment auf dem Boden gelegen. Noch halb benommen hatte er sich aufgerappelt, am Tisch hochgezogen und wieder auf den Stuhl gesetzt. *Baum* über ihm, die Hände schon wieder hinter dem Rücken. Seine Nase war angebrochen. Ein Gemisch aus Schleim und Blut rann ihm über die Oberlippe. Er wischte es nicht ab. Hob nur den Kopf und schaute *Baum* an. Und dann mußte er grinsen. Das geschah ganz von selbst, beinahe widerwillig. *Baum* schüttelte den Kopf und ließ ihn in Ruhe.

Der Junge, den *Baum* mit den Kopf gegen den Boden geschlagen hatte – *ungespitzt in den Boden rammen* nannte man das im Prügeljargon –, war im Halbjahr von der Schule genommen worden. So wie *Baum* mit ihm umgegangen war – so völlig haltlos wie es sonst nicht seine Art war –, hatte man Angst haben müssen, daß er ihn eines Tages umbrachte. Anderes kam hinzu: Der Spitzname des Jungen war *Das Mädchen*. Alles an ihm war weich. Kaum eine Nacht, in der er seine Ruhe hatte. Wanderte durch die Betten. Rauch hatte sich nicht eingemischt. Vielleicht, wenn sie im selben Schlafsaal gelegen hätten ... Einmal hatte er versucht, mit dem *Mädchen* zu reden. Aber da war nur Angst. Reiz der Schwäche. Lust zu quälen. Rauch hatte das Gespräch abgebrochen ... Das *Mädchen* hatte nichts getan, nichts Besonderes gesagt, aber in Rauch Gefühle geweckt, die er nicht wollte. Die ihn gleich machten. Alle waren gegen das *Mädchen*. Auch die Lehrer. Keiner bedauerte sein Ausscheiden. Er war das verlorenste Geschöpf, dem Rauch je begegnet war. Hoffnungslos.

Der Mercedes hatte die Kehren hinter sich gebracht, fuhr jetzt unter dem Mausoleum in die Allee ein. Flitter von Sonnenlicht auf dem Autodach. Daneben der Sportplatz, ein kleiner Wald, der Teich ... Es war schön hier, schöner, als es die meisten von zu Hause her kannten. Die frohe Aufbruchsstimmung der Kinder konnte Rauch nicht täuschen: Die wenigsten waren glücklich, nach Hause zu kommen. Unerwünschte, Überzählige, wie er, die man hier abgestellt hatte, in der schönen Landschaft, und einmal im Monat mit Jausenpakten versorgte. Das war bequem. Jagdwurstdosen, Essiggurken und hausgemachte Würste. Selten Süßigkeiten. Trotzdem war es eine Freiheit, die von dem Mangel, ja der Ärmlichkeit, die von der Kleidung bis zu den persönlichen Besitztümern reichte, nicht beeinträchtigt wurde. Im Vergleich mit den Stadtkindern fiel das manchmal auf. Etwas hinterlweltlerisch kam man sich dann vor, aus der Welt genommen. Hier oben spielte das keine Rolle. Eine Enklave. Und oft ein Abenteuer. Etwa die nächtliche Suche mit Fackeln und Taschenlampen im Wald nach Ausreißern. Das war im ersten Jahr gewesen. Sie hatten damals nicht mitsuchen dürfen, hatten bis Mitternacht an den Fenstern gestanden und in den Wald hinübergeschaut. Das erste Jahr: „Kartoffelklauben" auf den Äckern, Gebete im Speisesaal, Schwester Andrea als Erzieherin, *Sorella*, wie sie genannt wurde. Eine Nonne aus Bozen. Elf war er gewesen. Zu seinem Geburtstag durfte er nach Hause gefahren. Das erste Mal seit zwei Monaten. Das neue Haus. Der neue Mann. Breit und weich um die Hüften. Ein neues Auto. Sein eigenes Zimmer. Freitag abends war er angekommen, Samstag war sein Geburtstag gewesen. Nachmittags: Er saß im Wohnzimmer auf der Eckbank. Vor sich die große Torte. Der gedeckte Tisch. Die Vorhänge zugezogen. Laute Stimmen im Bad. Irgend etwas fällt zu Boden. Ein kurzer Wortwechsel. Die Stimme des Mannes, erstickt vor Zorn. Zum ersten Mal: Das Geräusch der Schläge. Mutter, die Arme schützend vors Gesicht gehoben: „Nein, Fritz, bitte nicht!", drei-, viermal. Jämmrig. Weinerlich. Dann ein Schrei. Stille. Tonausfall. Rauch starrt auf die Tür. Langsam kommt der Ton zurück. Das Schott hebt sich. Wasser sickert in den Raum. Verhaltene Bewegungen, Waschgeräusche. Dazwischen: Unterdrücktes Schluchzen. Leise, ärgerliche Worte.

Mutters Augen sind verweint. Sie trägt ein hellgrünes Kostüm, das er noch nie an ihr gesehen hat. Grober Wollstoff, das Grün mit kleinen, weißen Punkten durchsetzt. Fasern vielleicht. Einschlüsse. Kokosraspeln. Sie macht zwei Schritte ins Zimmer. Erstarrt. Es trifft sie unvorbereitet. Das tapfere, begütigende Lächeln gefriert. Die Schultern fallen nach vorn. Der Körper sackt ein, als hätte sich irgend etwas verschoben. An den Knochen. Innen, am Gerüst. Vor dem Tisch geht sie in die Knie. Sieht ihm nicht ins Gesicht, schaut nur auf seine Hände.

So bleiben sie eine Weile, bis der neue Mann seinen Kopf zur Tür hereinsteckt. Rauch sieht es nur aus den Augenwinkeln, dreht den Kopf nicht, hört wie der Mann – der neue Mann – Atem holt, ansetzt, um etwas zu sagen, aber er sagt nichts. Er stürzt an den Tisch, ruft: „Um Gottes Willen!", dann bekommt er es mit der Angst, beginnt auf Rauch zu schimpfen, dieses *Kind eines Wahnsinnigen*, läuft in den Vorraum, telefoniert. Das große Tortenmesser steckte noch immer in Rauchs Handrücken, die Finger aufgespreizt. Kein Blut. So bleibt er sitzen, bis die Rettung kommt. Im Krankenhaus mußte er lügen. Er wurde genäht und bekam einen Verband. Seit damals war Ruhe.

Rauch bleibt an den Wochenenden im Internat, fährt nur noch in den Ferien heim. Der neue Mann geht ihm aus dem Weg, Mutter arbeitet tagsüber. Sobald sie das Haus verlassen, kommt Rauch aus seinem Zimmer, frühstückt, nimmt sein Rad und fährt an den See hinaus oder erkundet die Stadt. Auch wenn es regnet. Der Regen macht ihm nichts aus. Unten am Fluß gibt es ein altes, verfallenes Holzhaus, das unbewohnt ist. Dort hockt er stundenlang und denkt nach. Er denkt gerne nach. Es fehlt ihm nichts.

War er mit seiner Mutter alleine, sprach sie oft davon, daß sie weggehen würde. Meistens im Auto, wenn sie ihn zurückbrachte. Irgendwann hatte Rauch genug und er sagte: „Er hat mir nichts getan".

Das war die Wahrheit. Es war ihr Leben.

Nicht seines.

Oft dachte er daran, daß es *bessere Menschen* gab, irgendwo. Bessere, als er einer war oder all die anderen, die er kannte. Besser, als er je sein würde.

Es war eine Sehnsucht in ihm, nach diesen Menschen, nach ihrer Gegenwart, wie nach einem Ort, an dem man sich glücklich weiß, eine Ahnung, wie Rauch es einmal irgendwo gehört hatte, von „errettet sein". Daß er selbst anders, daß er keiner von ihnen war, daß ihm etwas fehlte, von allem Anfang an, vielleicht, daß etwas falsch zusammengewachsen war, das ließ sich nicht ändern. Er wußte es. Fühlte es in allem. Ein Ungenügen, das nicht weniger wurde, wenn er den anderen überlegen war, sie durchschaute. Das änderte nichts. Nein, er wollte sich nicht täuschen. Dieses Erwähltsein konnte nicht erzwungen werden. Etwas wie Gnade. Die Bibel war voll davon. War die Gnade nur einigen wenigen vorbehalten, dann lebte die Mehrzahl gnadenlos. Mühsal der Tage. Was, wenn die Verfluchten nicht wußten, daß sie verflucht waren? So einer lebt auch sein Leben. Kann sich das Unglück so wenig erklären wie die andern. Weiß von nichts. Denkt sich sein Leben zurecht. So machen es die Erwachsenen: *Sie denken sich ihr Leben zurecht.* Dachten sich anders, als sie waren. Schon bei den Oberstuflern fing das an, siebte, achte Klasse. Probeweise. Dachten sich einmal so und dann wieder anders. Trotzdem: Das war eine Kraft – sich anders denken zu können, aber es war auch eine Gefahr.

Baum war der einzige Mensch, den er bisher kennengelernt hatte, der *aus einem Guß* war. *Ein* Stück Holz. Er dachte sich nicht anders. *Präfekt Theo* hingegen, den sie in der Vierten gehabt hatten, ein kleiner, quecksilbriger Mann mit kariertem Sportsakko und Brille, die Haare jungenhaft nach vorn gekämmt, *dachte* sich gut – vielleicht weil er so korrekt war –, wurde aber böse, wenn man ihn nicht so nahm wie er sich dachte. Dann war es mit einem Mal vorbei mit seiner Jovialität, dem Verständnis, dem *Sportsgeist* – dann biß man auf Eisen. Von einer Sekunde zur nächsten. Rauch kannte das. Dieses Umschlagen. Immer war da ein Riß, zwischen dem, wie sich einer dachte und wie er wirklich war. Und manchmal schoß es hoch: Zorn, Schläge, Ungerechtigkeiten, böse Worte. Grundwasser eben. Gelangte einer in den Riß, blieb er nie lange dort. Ein Aufblitzen war es, von dem, was möglich war. Für Sekunden: Ein anderes Gesicht. Dann sprang alles an seinen Platz zurück.

Das war schon etwas, wenn man es sah, vor dem man Angst haben, vor dem man in die Knie gehen konnte. Bettelnd, wie seine Mutter. Hat dir ein Mensch *einmal* dieses Gesicht gezeigt und du bleibst, hast du *für immer* verloren. Ein letztes Mittel ist es, ein letztes Argument. Einmal angewandt, wird jedes Diskutieren zum Vorwand. Mit *Baum* gab es nichts zu diskutieren.

Soweit es Rauch betraf, schreckte ihn dieses andere Gesicht nicht. Er hatte keine Angst. Nicht vor den anderen. Nicht vor Menschen. Auf seinen Fahrradausflügen, einmal auf den Weg ins Kino, hatte ihn draußen in der *Fischlsiedlung* ein älterer Junge angesprochen. Sie hatten eine Weile geplaudert, bis der Junge plötzlich Geld von ihm verlangt hatte. Er drohte. Legte eine Hand auf den Fahrradlenker. Rauch schlug ihn mit der Faust in den Hals, der Junge ging zu Boden, die Hände an der Kehle, die Knie angezogen, warf sich von einer Seite auf die andere. Das Bild wie *Baum* ihm damals zugesehen hatte, als er auf dem Boden gelegen hatte, fiel ihm ein. Sonst nichts. Rauch stieg auf sein Rad und fuhr weiter. Er wußte nicht, wie er das gemacht hatte. Es war unheimlich, wie damals das Grinsen, nachdem *Baum* ihn geschlagen hatte. Oder die Sache mit dem Tortenmesser. Es geschah einfach.

War es ein Schutz? – Gewiß kein rettender Engel, der in diesen Momenten an seine Stelle trat.

Angst kannte er nur aus den Träumen.

Das Märchen *Von einem der auszog, das Fürchten zu lernen* hatte er nie verstanden. Vor allem den Schluß nicht, als die Frau dem Mann die Gründlinge ins Bett schüttet und er ausruft: „Jetzt gruselts mich, jetzt gruselts mich!". Das war wenig glaubhaft. Vielleicht wollte er der Frau einen Gefallen tun. Hätte der Mann all die Gefahren, von denen das Märchen erzählt, in seinen Träumen bestehen müssen, es hätte ihn gewiß gegruselt. Auch die Träume waren ein Riß, in den man fiel und die Kontrolle verlor. Solange er sich zurückerinnern konnte, hatte er diese Träume gehabt. Sie spielten in Strandlandschaften, flachen, grünen Gewässern. Er ruderte mit einem Mädchen in die Lagune hinaus. Die Eingangssequenzen variierten, aber sobald sie auf dem Wasser waren, wußte er, was geschehen würde. Fischwesen tauchten an die Oberfläche, kamen ins Boot und

nahmen das Mädchen mit. Echsenköpfe, Schuppen-
körper. Zweibeiner. Sie hausten in den Grotten und
Höhlen unten im Meer. Rauch wußte nicht, was sie
mit den Mädchen machten. Er lieferte sie ihnen nur
aus, fürchtete sie, wußte nicht, was ihn dazu zwang,
die Mädchen immer wieder zu ihnen hinauszu-
rudern.

Andere, undeutliche Bilder gab es, die schaute er
alleine, vom Boot aus. Da tanzten diese Fischwesen
mit Eingeborenen am Strand, im Licht großer Feuer,
um einen riesigen basaltschwarzen Stein. Die Eingeborenen hatten ihre Körper mit weißer Farbe bemalt,
manche das ganze Gesicht, andere nur einen Arm,
einen Fuß oder den Körper mit Zeichen ornamen-
tiert. Schon wenn er daran dachte, wurde ihm
unheimlich. Völlig geräuschlos ging alles vor sich,
sobald er in dem Boot war. Was er an sich haßte, war
diese Verlogenheit, dieser Verrat, den er beging. Daß
er dem anderen etwas vormachte.

Das waren die Träume. Rauch konnte nicht sagen,
was sie bedeuteten oder wo sie herkamen. Von seinem Vater wußte er nichts. *Kind eines Wahnsinnigen*
hatte ihn der neue Mann seiner Mutter damals
genannt. Oft zweifelte Rauch daran, ob es wirklich
er war, der die Mädchen hinausruderte. Vielleicht
träumte er den Traum eines anderen, eines Verrück-

ten oder eines bösen Menschen, dem er verbunden war. Er wußte es nicht. Vielleicht würde er es eines Tages erfahren. Nicht von seiner Mutter, nicht von einem Dritten. Es gibt ein Wissen, daß dem Bewußtsein vorausläuft, einen unmittelbaren Zugriff. So tritt man in Fettnäpfchen, so trifft man den Punkt.

In der Schule gab es keine Verwendung dafür.

Dieses Jahr zu Ostern hatte er ein Mädchen mit zur Hütte genommen. Sie war Eisverkäuferin in der Konditorei bei der *Steinernen Brücke*. Es war einfach gewesen. Sie waren nach ihrer Arbeit spazieren gegangen, hatten sich noch ein-, zweimal getroffen. Nicht viele Worte. Er war kein Mädchenmann, so wie Zwerenz, von dem er wußte, daß er sich an den Wochenenden in den Lokalen herumtrieb und den anderen gerne Bilder und Briefe von seinen Freundinnen zeigte.

Rauch suchte nicht einmal. Manchmal ergab sich etwas, im Kino, beim Schwimmen, am Weg. Zufälle. Begegnungen. Verabredungen. Nichts, worüber es sich weiter nachzudenken lohnte.

Rauch stand jetzt ganz alleine auf dem Hof. Neben sich die Taschen. Schmutzwäsche. Bücher. Die Bettwäsche in ein Leintuch geknotet. Rundum Sommer.

Auf dem Kies. Den Gebäuden. Er hatte keine Vorstellung von diesem Sommer. Keine Erwartungen. Keine Reisepläne. Nichts war wie sonst.

Dann kam Mutter. Weißwangig vor Wut. Sagte kein Wort. Während er die Taschen einlud. Sperrte den Wagen auf. Und setzte sich gleich hinters Steuer. Als er die Türen zuschlug, dachte er einen Augenblick daran nicht einzusteigen. Zu gehen. Hinunter zum Teich. Und dann in den Wald. Weiter. Sie hätte es erst bemerkt, wenn er unten am Weg war. Sie war so wütend, daß sie nichts um sich herum bemerkte. Wenn er weg war. Hätte sie es verstanden. Sie war so aufgeregt, daß ihr zweimal der Motor abstarb.

Als sie die Serpentinen hinabfuhren, sagte er: „Und – was war die Begründung."

„Daß aus dir kein Priester wird."

Mutter schnaubte. Rauch mußte lächeln. Das war korrekt.

Sie fuhren in die Allee ein. Im Rückspiegel der von Büschen gesäumte Weg zum Mausoleum, darüber, in gerader Linie die Kirche, aus geheimnisvoll leuchtenden, violetten Steinquadern zusammengesetzt.

In der Mitte das Rosettenfenster.

Darüber azurblauer Himmel.

Strassen

Angetrieben von tausend kleinen Explosionen raste Herr Fonte in seinem kleinen Fiat durch die österreichischen Alpen auf die italienische Grenze zu. Laut hustend mühte sich das Fahrzeug die steilen Serpentinen hinauf, während es sein Besitzer sich bequem gemacht hatte. Sanft und durchaus nicht unangenehm, drückte ihn die Fliehkraft in die Polsterung seines Sitzes zurück. Aus den Lautsprechern tönte einheimische Volksmusik in immer neuen, ihm unverständlichen Dialekten deutscher Sprache. Sänger und Instrumente, Akkordeon, Blechbläser und Gitarre trieben im Zweivierteltakt wieder und wieder dem älplerisch gemütlichen Höhepunkt eines Refrains entgegen. Aus der Verschalung des Armaturenbrettes fiel ein rötlichgelber Schimmer in das Fahrzeugdunkel. Ströme warmer Luft zirkulierten durch das Gehäuse, geräuschvoll ein- und ausgeatmet von zwei kleinen Ventilatoren, die unter der Windschutzscheibe angebracht waren.

Herr Fonte hielt das Steuer nur achtlos in den Händen. Sein Fahrzeug kannte den Weg. Tausende von Kilometern waren sie zusammen gereist. Triest–Wien–Wien–Triest. Und immer nachts. Zum Frühstück würde er wieder bei seiner Familie sein. Wenn nichts dazwischenkam. Früh genug, um seine Kinder noch in die Schule zu bringen. Anschließend würde er ins Büro fahren und später den versäumten Nachtschlaf mit einer kleinen Siesta nachholen.

Herr Fonte liebte seine Art zu reisen. Nachts war der Verkehr nur spärlich, und, einmal auf der Autobahn, dauerte es keine halbe Stunde, bis die Alltagsgedanken und -sorgen, die ihn tagsüber in Atem hielten, vergessen waren. Die Straße hatte ihn wieder und es gab für ihn in den nächsten Stunden nichts weiter zu tun als Auto zu fahren. Alles andere mußte warten, sich gedulden, bis er angekommen war. Er war auf der Straße. Für niemanden erreichbar. Das war wie auf dem Wasser sein. „Unterwegssein", pflegte er zu sagen, „ist aus der Welt sein." Und wirklich, was er in diesen Stunden von der Welt zu sehen bekam – und die Welt von ihm –, war nicht viel. Ein Stück grauen Asphalts, hell gekörnt in den Wintermonaten, Schneereste an den Banketten, Warn- und Hinweisschilder (die er ob seiner Kenntnis der Strecke kaum beachtete), Schlieren von Begrenzungslichtern im Rückspiegel, helles Scheinwerferlicht, das in den Augen schmerzte, und dann wieder: Nächtliche Landschaft. Schwarze Silhouetten von Bergen und Wäldern, die langsam gegen den hellen Nachthimmel vorrückten. Und später – oder früher, je nachdem aus welcher Richtung er kam – die spiegelnde Fläche eines Sees. Hier folgte die

Autobahn, über eine Strecke von gut zwanzig Kilometern, dem Nordufer. Einige der Orte, deren Namen er im Vorbeifahren – eigentlich war es eher ein *Vorbeigleiten* – von den Hinweistafeln ablas, kannte er aus Illustrierten und von Prospekten. Ein Abstecher reizte ihn nicht. Der Anblick des nächtlichen Sees genügte ihm. Besonders der Blick hinaus, auf das Südufer zu, übte einen eigentümlichen Zauber auf ihn aus. Dabei war er den Anblick von weiten Wasserflächen gewöhnt. Er war am Meer aufgewachsen. Er kannte das Hafenwasser von Triest. Er kannte die Bucht bei jedem Wetter und in allen Schattierungen von Farbe und Licht. Aber er hatte das Meer nie so ruhig gesehen, so still und unbewegt, so bodenlos und *unbewachsen* wie diesen See. Meist lag das Südufer in dichte Dunstschleier gehüllt, der See davor war leergeräumt, aus den Nebeln stieg die sanfte Linie einer bewaldeten Hügelkette gegen den Horizont auf. Im Winter nahm das Bildhafte zu. Der Wind zeichnete böige Gischtlinien aufs Eis, überall Verwehungen und helle Flecken von Schnee. Glänzender Firnis war das, der sich dann auf das Bild legte. Ein Eindruck von Tiefe, die nicht *unten*, sondern *draußen*, in der Landschaft, lag, auf Augenhöhe des Betrachters.

Und dieses Draußen war dem Betrachter ganz nahe gerückt, näher als die Wasserfläche unter ihm, auf die er, bedingt durch die erhöhte Trassenführung, aus einer Entfernung von hundert, vielleicht zweihundert Metern, herabsah. Der Abstand zum Südufer war um einiges größer, umspannte die gesamte Breite des Sees, so daß es sich bei dem Eindruck von Nähe nur um eine optische Täuschung handeln konnte. Auch war es nicht möglich, daß sich das Südufer *auf gleicher Höhe* mit dem Fahrer befand, denn das würde bedeuten, daß der Wasserspiegel des Sees nach Süden hin anstieg und eine *schräge Oberfläche* aufwies. Diese *Schräge* in den Blick zu bekommen, zu sehen, was nicht sein konnte, war für Herrn Fonte Einladung zum Spiel und eine stets willkommene Unterbrechung der eintönigen Autofahrt. Der Blick *hinunter* und der Blick *hinaus* waren seine Spielsteine, durch die er, ohne weitere Hilfsmittel, den Anblick der Schräge erwirken mußte. Den Wagen anzuhalten und auszusteigen war selbstverständlich tabu. Auch durfte eine Geschwindigkeit von achtzig Stundenkilometern nicht unterschritten werden. Dazu mußte er nicht auf den Tacho sehen.

Zunächst versuchte er *langsam zu schauen* und sich Schritt für Schritt an die Grenze, an der das Bild umsprang, heranzutasten; das war nicht einfach, da er auch auf die Fahrbahn achten mußte. Um den Blick nun wieder exakt an dem Bildausschnitt anzusetzen, den er zuletzt im Auge gehabt hatte, bedurfte es, bei unveränderter Kopfhaltung, einer beinahe mechanischen Drehung des Kopfes, die exakt um jenen Teil größer sein mußte, um den er sich beim Weiterfahren von seinem letzten Aussichtspunkt entfernt hatte. Wie bei allen Kinderspielen klingt das komplizierter als es in Wirklichkeit ist. Und Kinderaugenspiele waren es, an denen Herr Fonte sich versuchte: Daß man die Augenlider flackern läßt wie ein alter Filmprojektor, daß man rasend schnell blinzelt, die Pupillen verdreht, bis nur noch das Weiße zu sehen ist, daß man schielt, ein Bild in das andere hinein zu verschieben versucht, bis man es mit der Angst bekommt, die Augen könnten einem steckenbleiben … Das waren Kinderaugenspiele. Aber er spielte sie nicht jedesmal. Aus der Tiefe des Bildes sprach ihn auch noch anderes an. Ein Rufen, vage und unbestimmt, das aus den nebelverhangenen Hügeln im Hintergrund des Bildes zu kommen schien und ihn beunruhigte. Vielleicht war Zukünftiges im Spiel, dachte er sich dann. Im Guten, im Schlechten. Ein Unfall vielleicht … Auch die Abgründe haben magnetische Kraft. Auch die Abgründe sind uns versprochen. *Was bleibt einem Mann anderes zu tun*, schreibt

Marcus Aurelius, *den der Tod anlächelt, als zurückzu-*
lächeln. – Ja. Aber wir sehen den Tod nicht, wir sehen
nur seine Masken. Ihr Anblick wird zum *Déjà-vu* im
höheren Sinn, ist nicht Rückblick, sondern Ausblick:
Auf das Südufer des Sees, auf etwas, das ihm näher
war als die Fahrbahn unter seinen Füßen. Das Kom-
mende: Wie oft war er an jenem Haus, in dem er
heute lebte, vorbeigegangen, jahrelang, und jedesmal
hatte etwas seinen Blick wie an unsichtbaren Fäden
nach oben gezogen, genau zu jenen Fenstern im dritten Stock, aus denen er heute selbst manchmal auf
die Straße hinunter sah. Auch das ist *ein* Bild, *eine*
Schräge, die sich zwischen Oben und Unten spannt,
zwischen einem Davor und Danach, das man nicht in
einen Blick bekommen kann. *Dann suchst du dich selbst*
in den Bildern, wie einen Traum, den du spät am Tag
erinnerst, schaust hinauf, stehst am Fenster, blickst hin-
unter, auf die Passanten, auf Köpfe und Schultern, die
gesichtslos bleiben. Anspielungen sind. Nie aber siehst du
dir selbst in die Augen, zweimal wissend, zweimal
bewußt, als sei es nur der Gestalt gegeben, an zwei Orten
gleichzeitig zu sein, nicht aber dem Bewußtsein. Das
beschäftigt dich. Schon seit langer Zeit. Erst heute hast du
mit Zwerenz, deinem Geschäftspartner in Wien, beim
Mittagessen darüber gesprochen … Anlaß dafür war ein
seltenes Widmungsexemplar der *Elixiere des Teufels*

E.T.A. Hoffmanns an Jean Paul gewesen. Wohl das einzige seiner Art. Herr Fonte hatte es in der ärmlichen Verlassenschaft eines alten Mannes gefunden. Zwerenz wollte gleich mit ihm feiern gehen. Verschloß das Buch sofort in seinem Safe. Handelte gar nicht. Beim Essen waren sie über *The Monk* von M.G. Lewis und dem *Medardus* auf das Phänomen des Doppelgängers zu sprechen gekommen, wobei Herr Fonte eher der Theorie zuneigte, daß damit der Leib und die Körperlichkeit des Menschen angesprochen sei, *der Leichnam*, um noch einmal mit Marcus Aurelius zu sprechen, während Zwerenz es rundweg ablehnte, daran zu glauben, daß irgend etwas in der Welt *nur* als Allegorie oder Metapher existiere.

„Phänomene wie der Doppelgänger", sagte Zwerenz, „sind zu weit verbreitet und wurzeln zu tief im menschlichen Bewußtsein, um sie als Trugbilder abzutun. Im Gegenteil: Die Existenz des Doppelgängers ist unbestritten. Das zeigt sich schon an der Sprache. Weiß nicht jeder sofort, was gemeint ist? Auch das ist ein Wissen, ein Nachweis, ein Sein in der Sprache, Aufweis von etwas, über dessen *tatsächliches* Wesen und Wirken sich nichts Sicheres sagen läßt. Hier ist Wissen verlorengegangen, sind Zugänge verstellt. Das hat mit uns so gut zu tun, wie mit der Welt, in der wir leben. Der Erfahrung von

Wirklichkeit. Die Zeit arbeitet auch hier: Pfade überwuchern, treten zurück ins Dickicht des Waldes, Flüsse werden unschiffbar, die Küsten und Länder jenseits des Meeres geraten in Vergessenheit ... Es bleibt dem Einzelnen vorbehalten, sie wieder zu entdecken, die Wege gangbar zu machen ... daran glaube ich."

Zwerenz schenkte nach. Herr Fonte sagte nichts. Es gab nichts zu sagen. Ein Glaubensbekenntnis. Sie stießen an. Die Gläser gaben keinen Klang. Zwerenz schaute auf das Glas, schwenkte es ein paar Mal hin und her und stellte es dann, ohne getrunken zu haben, wieder auf den Tisch.

„Vor einigen Monaten", fuhr er fort, „fand sich in meiner Post eine Parte. Mein Vater war gestorben. Ich hatte seit zwanzig Jahren nichts mehr von ihm gehört und ich glaube, ich habe in dieser Zeit auch kein einziges Mal an ihn gedacht. *Über Nacht* hatte ich damals meine Heimatstadt verlassen – und mit ihr ein Leben, mit dem ich nichts mehr zu tun haben wollte. Mir war klar, daß diese Parte eine Einladung war – vielleicht zu einem besseren Abschied, als ich ihn damals genommen hatte. Ich entschloß mich hinzufahren und reiste noch am selben Tag ab. Zunächst erkannte ich die Stadt bei meiner Ankunft kaum wieder: Wo früher nur Äcker und Wiesen gewesen waren, standen jetzt Reihenhaussiedlungen, hingeduckt wie Baracken. Industrieparks und Shoppingcenter prägten das Weichbild der Stadt. Die Lagerhallenarchitektur der Großmärkte ... Zu Kathedralen aufgeblasene Jahrmarktbuden und Marktstände in leuchtenden Marzipanfarben flankierten die Einfahrtsstraße – eine Stadteinfahrt, wie sie anonymer nicht sein konnte. Ibiza oder St. Pölten: Die Unterschiede fallen kaum ins Gewicht. Und ich muß sagen: Das war mir nicht unrecht. Man hat ja schließlich nichts dazu beigetragen. Jedoch nahmen die Veränderungen ab, je näher ich dem Zentrum kam. Die Stadt zeigte ihr altes Gesicht. Vieles erkannte ich wieder. Ich fuhr wie auf Schienen. Die Karte im Kopf fand ich den Weg zum Hotel ohne Probleme, checkte ein und ging auf mein Zimmer. Nach und nach kam die Erinnerung. Mein altes Leben. Es schien, als hätte es zwanzig Jahre in diesem Zimmer auf mich gewartet. Alles war mit einem Mal wieder gegenwärtig. Lebendige Erinnerung. Die Nacht wurde zu einer einzigen Heimsuchung. Ich fand keine Stunde Schlaf und war am Morgen so zerschlagen, daß ich mir ein *rencontre* mit bekannten Gesichtern und Orten, beim Gang durch die Stadt oder beim Begräbnis, in dieser Verfassung nicht zumuten wollte. Ich reiste ab. Mein Aufbruch, überstürzt, übermüdet, glich meinem Aufbruch vor zwanzig Jahren. Es war dasselbe Lied, derselbe Refrain, der als Coda noch einmal aufklang. Ich ..."

Hier hatte Herr Fonte lächeln müssen.

„Warum lächeln Sie?"

„Coda."

„Und?"

Er winkte ab. „Nein, es ist zu lächerlich. Eine Zote ..."

„Erzählen Sie!"

„... Später – bitte, bitte fahren Sie fort ..."

„Wo war ich stehengeblieben?"

„Die Abreise."

„Ja. Ich reiste ab. Unverrichteter Dinge, wie man so sagt. Denn, wenn ich insgeheim auf eine Aussöhnung mit meinem *alten Leben* gehofft hatte, daß sich etwas rundet, zum Abschluß kommt, war ich gescheitert. Es blieb, was es war: Eine Bruchstelle, eine Sackgasse, ein totes Gleis. Warum erzähle ich Ihnen das? – Weil ich in jener Nacht meinen Doppelgänger sah – oder besser: Einen von ihnen, denn ich bin überzeugt davon, daß es mehrere gibt.

Ich stehe am Fenster meines Hotelzimmers und schaue auf einen kleinen Platz hinunter. Es muß schon spät gewesen sein, nach Mitternacht. Keine Menschen, kein Auto, tote Kulisse. Ich erinnere meinen Vater. Er hat nie viel Zeit mit mir verbracht, aber solange ich noch ein Kind war, nahm er mich zweimal im Jahr mit in die Stadt, einmal im Sommer, zu meinem Geburtstag, einmal im Winter, kurz vor Weihnachten, um die Geschenke einzukaufen. Dabei führte unser Weg immer an diesem Hotel vorbei. An der Frontseite – die ich aus meinem Zimmerfenster nicht einsehen kann – ist ein Café untergebracht. Im Sommer gab es dort einen Gastgarten. Kleine Tische und Stühle wurden auf den Bürgersteig gestellt. Wer vorbei wollte, mußte auf die Straße ausweichen, was meinem Vater immer ärgerlich war.

Diesen Gedanken im Kopf finde ich mich im nächsten Moment selbst im Café wieder. Ich meine: *Leibhaftig.* Ich stehe mit dem Rücken zum Lokal und schaue durch die Fensterscheiben nach draußen. Dort ist es Sommer, heller Tag. Hinter mir höre ich das Klappern von Besteck, Tellern und Tassen, Wortfetzen, Schritte. Ich wage nicht, mich umzudrehen, vermeide es, den Gesprächen zuzuhören, wage keine Bewegung, als könnte *eine* Unbedachtheit alles zunichte machen. Mein Bewußtsein ist klar, ich bin hellwach, ganz Ohr, ganz Auge. Durch das Spalier der Gäste, die draußen an den Kaffeehaustischchen sitzen, sehe ich jetzt meinen Vater herankommen, in Uniform – er war beim Militär –, das Gesicht braungebrannt, den Tellerhut auf dem Kopf, an der Brust die Abzeichen. Ein kleines Kind läuft neben ihm her, ein Päckchen in der Hand. Es hat den Kopf ganz zu den Menschen, die im Gastgarten sitzen, herumgedreht; kaum, daß es über die Tische sieht, hat es sich plötzlich selbst in der Fensterscheibe des Cafés erblickt, das Gesicht halb verdeckt von einem großen Eisbecher, in dem obenauf ein kleines, buntes Schirmchen steckt. Und in diesem Moment, Herr Fonte, in diesem Moment, bin ich plötzlich dreimal da – eine zwerenzsche Trinität, wenn Sie so wollen. Aber wie soll ich Ihnen das, was dort geschah und nur *ein Augenblick* war, *ein* Bild, das man mit Facettenaugen sieht, in einem Nacheinander erklären? – Das Kind schaut auf sein Spiegelbild, das den Blick erwidert, während ich, durch die Augen des Kindes, auf das Spiegelbild sehe und das Spiegelbild, durch die Augen des Kindes, auf mich. Damit nicht genug, schaut mir das Kind, ohne mich hinter der Glasscheibe zu bemerken, durch das Spiegelbild hindurch, direkt in die Augen wie auch ich dem Kind, durch das Spiegelbild hindurch, ohne meinerseits das Spiegelbild zu bemerken, direkt in die Augen sehe, und im nächsten Moment stehe ich wieder in meinem Hotelzimmer am Fenster, den Halbgedanken an meinen Vater, der sich über die Stühle und Tische auf dem Bürgersteig ärgert, im Kopf und schaue auf den dunklen, menschenleeren Platz hinaus, als wäre nichts geschehen ..."

Zwerenz griff nach dem Glas, den Blick im Irgendwo.

„Herr Fonte, ich frage Sie: Was ist das? Eine Vision? Eine Halluzination? Ein Gesicht? Ich meine: Über die allgemeine Vorstellung hinaus? – Das sind doch nur Beschreibungen von *außen*. Auch macht es keinen Unterschied: Wer im Traum stirbt, ist auch gestorben. Und: Was dem Träumenden widerfährt, kommt dem Wachen als Erfahrung zugute. Obwohl ich an meinem Erlebnis, von dem plötzlichen Ortswechsel abgesehen, nichts Traumhaftes feststellen kann. Ich war der Schwerkraft nicht enthoben. Die Menschen, die ich sah, waren wirkliche Menschen: Mein Vater, die Gäste draußen, der Ort, an dem ich mich befand keine Kulisse. Unheimlich wurde es erst, als ich das Kind erblickte. Denn das konnte nicht sein. Ich meine: Das Kind, das ich einmal gewesen war, *durfte* nicht so wirklich sein wie ich selbst. Im selben Augenblick, am selben Ort. Ich konnte zwar aus ihm *heraussehen*, doch was ich sah, sah ich nicht mit *meinen* Augen, sondern *durch* seine Augen. Verstehen Sie: Dieser Blick, dieser Blick auf das Spiegelbild in der Fensterscheibe, war einmal *mein* Blick, diese Augen waren einmal *meine Kinder-augen* gewesen. Was aber war dieses Kind dann, wenn es nicht ich war? – Es war Gestalt. Es war die Gestalt meines Kindseins, die ich verlassen hatte und von der nur noch Rudimente in mir zurückgeblieben waren. Der Doppelgänger, Herr Fonte, ist eine Larve, die wir bewohnt und in der Zeit ausgebildet haben. Ein Kokon, aus dem wir eines Tages ausgeschlüpft sind, in eine neue Gestalt. Die Gestaltwechsel geschehen immer *über Nacht*, die Entwicklung der Gestalt selbst vollzieht sich in Schüben. Letzteres bleibt im Rahmen. Dann ist man plötzlich kein Kind mehr, oder man wacht eines Morgens auf und ist ein alter Mann. Kafkas *Verwandlung* beschreibt einen solchen Gestaltwechsel, bei der jedoch das Bewußtsein in der zurückgelassenen Gestalt verblieben ist.

Und ich frage Sie: Was wird aus dieser Gestalt, diesen abgelegten Gestalten, die wir nicht mehr oder nur noch in Resten sind? – Sie bleiben. Und mit ihr die Summe des Gedachten, des Erlebten, von dem wir nur einen kleinen Teil mitnehmen, als Erinnerung, die keine Gegenwart in uns hat, während es in unseren Doppelgängern immer gegenwärtig bleibt, sich der Doppelgänger abschleppt, in der Welt bleibt, als Gestalt gewordener Gegenwartsrest von uns, körperlos, ein Widergänger, auf den immer gleichen

Wegen, den Straßen und Plätzen unseres *alten Lebens*, das wir verlassen haben und er nicht verlassen kann …"

Herr Fonte war eingeschlafen. Bildlich gesprochen. Er konnte Zwerenz mäandernder Erzählweise nicht mehr folgen. Wollte ihm auch nicht widersprechen. Er dachte an den See, zog sich in seine Privatgemächer zurück, ließ Zwerenz reden und genoß die Fahrt.

Der nachfolgende Teil der Strecke mit zahlreichen Baustellen, Geschwindigkeitsbeschränkungen, Überholverboten, Tunnelein- und -ausfahrten, sowie ein unübersichtlicher Schilderwald und Bodenmarkierungen, die ins Nichts oder geradewegs auf die Betonblöcke am Fahrbahnrand zuführten, erforderte wieder seine ungeteilte Aufmerksamkeit.

Zehn, fünfzehn Kilometer fuhr er konzentriert, vorgebeugt, den Blick auf der Straße, ehe er wieder in seinen Reiseschlummer zurücksank.

Schnell und geräuschlos huschten die weißen Mittelstreifen unter den kleinen Fiat. Es waren immer dieselben vier, fünf Streifen, die das Scheinwerferlicht aus dem Dunkel der Straße riß. Die Mittelstreifen rasten wie von selbst in den Lichtkegel. Es war immer dasselbe Stück Straße, das sich in der Windschutzscheibe spiegelte. Die Geschwindigkeit fand keine Bilder mehr. Innenraum und Außenraum kamen allmählich zur Ruhe. Die Reisefortschritte waren nur noch am Kilometerzähler abzulesen. Jetzt kamen ihm die Gedanken. Zuerst nur in Form von kleinen Sätzen, Bonmots, die ihm einfielen, aus Situationen, in denen ihm nichts eingefallen war. Kommentare zu Berichten, die er im Fernsehen gesehen hatte. Als sei er gefragt. Ein imaginäres Interview. Manchmal waren es auch ganze Imaginationskomplexe, die er im Verlauf seiner Fahrt aufbaute. Verkaufsstrategien, Erfindungen, Theoreme. Sie hatten nur Bestand für die Dauer der Fahrt. Ob er nicht ein Geschäft in Wien aufmachen sollte? Er könnte sich eine Wohnung nehmen. Statt einmal in der Woche nach Wien zu fahren, könnte er zwei Wochen im Monat in Wien leben und arbeiten. Allein. Die Kinder waren alt genug. Es wäre möglich. Und es blieb Möglichkeit.

Spätestens, wenn er, müde von der Fahrt, auf die mehrspurigen Einfahrtsstraßen von Triest oder Wien gelangte und Mühe hatte, sich auf den Verkehr zu konzentrieren, verstummte die Gedankenmusik und all die möglichen Leben und all die klugen Antworten auf all die ungestellten Fragen wurden bedeutungslos. Dann wurde es Tag, und die Phantasmagorien verblaßten wie die Nacht, in der sie entstanden waren.

Ein Gedanke, der sich ihm bei diesen nächtlichen Fahrten regelmäßig aufzwang, war die Vorstellung, daß er selbst es war, der am Steuer eines anderen Wagens saß. Wenn er ein Auto überholte (was selten genug vorkam), oder ein Auto ihn (was häufiger der Fall war), und von dem anderen Fahrer nur ein Schemen im Heckfenster zu sehen war, Kopf und Schultern, nicht mehr, dann hätte das alles, dann hätte das jeder gewesen sein können.

Oder er saß am Volant des entgegenkommenden Fahrzeugs, von dem er nur die Scheinwerfer sah.

Oder er sah den Weg als Kreis, als Schleife, auf der er endlos dahinfuhr. Wien–Triest–Triest–Wien. Seit Jahren war er in Wahrheit schon nirgendwo anders gewesen. Nur auf dem Hinweg, mit den Ankunftsgedanken im Kopf und den Abreiseerinnerungen, und auf dem Rückweg, mit den Abreiseerinnerungen im Kopf und den Ankunftsgedanken.

Vielleicht war es nur *eine* Straße, die er befuhr, *seine* Straße – die Straße seines Lebens, dachte Herr Fonte pathetisch. In all diesen Autos, die ihn überholten und ihm entgegenkamen, saß immer ein Herr Fonte am Steuer. Wie viele Herr Fontes gab es?

Einmal die Woche fuhr er die Strecke, ungefähr fünfzig Mal im Jahr, hin und zurück – das machte schon einhundert, einhundert Fontes. Und das seit vier Jahren und, gesetzt den Fall, daß alles so bliebe, für noch mindestens zehn Jahre – das wären dann vierzehn Jahre, mal hundert, das wären dann tausendvierhundert Herr Fontes, die auf dieser Straße fuhren. Gleichzeitig. Nur in den Köpfen sah es anders aus. Oder auch in den Leben. Vielleicht hatte er den Wagen gewechselt. Vielleicht saß in dem Wagen dort, der mit aufgeblendeten Scheinwerfern auf ihn zukam, jener Herr Fonte, der er hätte werden können, wenn er seine Verlobung nicht gelöst hätte. Oder ein Herr Fonte, der den Militärdienst *nicht* verweigert hatte. Jetzt, nachts, war das möglich. Jetzt war das *seine* Autobahn. Hier und Jetzt. Eintausendvierhundert Fontes. Das ließe sich ausbauen. Eine Armee.

Sein erster Kontakt mit der Außenwelt ergab sich gezwungenermaßen, etwa auf halber Strecke, bei einer *STOP*-Autobahnstation (es war immer dieselbe), wo er seinen kleinen Fiat, dessen Tankvolumen bedauerlicherweise nicht der Größe eines Kleinlasters entsprach, mit Treibstoff versorgte. Sich selbst gönnte er einen Espresso in der angrenzenden Raststation. Und wenn es unbedingt sein mußte, benutzte er auch die Toilette. Aber nur, wenn es unbedingt sein mußte. Schon der Abgang in den *sanitären Bereich* schien ihm zu groß geraten. Ein riesiger Vorraum, Windelwechselecke, Duschraum, Herren- und Damen-WC – alles in allem hundertzwanzig Quadratmeter, schätzte er, durchgängig moosgrün gekachelt, die üblichen Automaten und Handtuchroller an den Wänden. Die Pissoirs aus weißem Porzellan, groß wie Waschbecken, selbstspülend, ein Pissoir für Kinder auf halber Höhe, die offen stehenden Türen der Notdurftboxen, abgeteilt durch Spanplattenwände, lindgrün furniert – sechs oder sieben waren es sicher. Dazu noch ebenso viele Pissoirs, vier Waschbecken, zwei Handtuchroller – das reichte für mindestens zwanzig Leute. Und weitere zwanzig, die sich in dem leeren Raum dazwischen anstellen konnten. Rechnete man alles zusammen, war in diesen unterirdischen Räumen Platz für gut einhundert Personen. Er selbst war nicht öfter als fünf-, vielleicht zehnmal an diesem Ort gewesen. Und immer allein. Der Gedanke, dort jemandem zu begegnen, war ihm unheimlich. In dem Vorraum stand ein kleines Spielzeugpferd. In die Wand war ein Aquarium eingelassen, das nur Wasserpflanzen und Steine enthielt. Große Luftblasen quollen unablässig aus einem Gummischlauch an die Oberfläche. Kein Deckenlicht.

Nur Lampen, die in kleinen Wandnischen standen. Pseudosakrale Beleuchtung. Das war es: Pseudosakrale Beleuchtung. Das sind keine Toiletten, dachte Herr Fonte, das ist ein Andachtsort. Und an die Reporterin gewandt, sagte er: „Die Älpler haben ein ganz anderes Verhältnis zu ihren Exkrementen als die Südländer. Das liegt am Essen, aber auch an der Lebensart und an der Verdauung. Hätte Professor Freud im Süden gelebt, wäre er vermutlich Zahnarzt geworden." – Genau. Pseudosakrale Beleuchtung. Da sprachen die Lichter der Tankstelle, die jetzt vor ihm auf dem Hügel auftauchten schon eine andere Sprache. Helles, kräftiges Neonlicht. Der Platz ausgeleuchtet wie eine Grenzstation. Herr Fonte reihte sich vor einer der Zapfsäulen ein und schaltete den Motor ab. Er mochte die Tankstelle, weil es hier noch Bedienung gab. Er sagte „Voll, Super" und gab dem Tankwart die Schlüssel. Draußen war es kalt. Der Tankwart steckte den Zapfhahn in den Einfüllstutzen, säuberte die Windschutzscheibe und schrieb die Rechnung. Herr Fonte gab ihm kein Trinkgeld. Er wußte, daß die Bedienung im Preis inbegriffen war. Fröstelnd stieg er wieder ein, fuhr auf den Parkplatz und ging in das Rasthaus. Er bestellte einen einfachen Espresso. Abwesend, noch immer halb in Gedanken, noch immer halb auf

Fahrt, musterte er die anderen Gäste. Vereinzelte, Nachtfahrer wie er. Der Espresso kam und er trank die Tasse mit einem Schluck leer. Heiß und bitter, wie er es mochte. Er bestellte noch ein Glas Wasser, zahlte und machte sich wieder auf den Weg. Beim Hinausgehen drehte er sich nach der großen Uhr über dem Eingang um. Er war gut in der Zeit. Den Blick in den sanitären Abgrund vermied er.

Eben im Begriff seinen Wagen aufzusperren, hörte er plötzlich – fast wie ein Schrei – ein lautes energisches „Eei!" hinter sich. Er drehte sich um und sah einen Mann mit großen Schritten vom Eingangsportal des Rasthauses auf ihn zulaufen. Eine Hand hatte er in die Luft geworfen, die Handflächen nach außen, die Finger ausgestreckt, mit der anderen nestelte er am Schritt seiner Hose herum. Es sah ein bißchen so aus, als hinkte er.

„Che stai facendo?", sagte der Mann, als er vor ihm stand. Er trug einen helle Daunenjacke, mit Querwülsten und Pelzkragen, wie sie jetzt in Mode waren, Jeans, *stonewashed*, die Haare fielen ihm in die Stirn, sein Gesicht war an den Wangen gerötet. Herr Fonte kannte den Typ.

„Was du da machst, will ich wissen?"

Herr Fonte starrte ihn nur an. Er verstand überhaupt nichts.

„Vai. Komm schon, sag mir, was du da machst", sagte der Mann noch einmal, diesmal freundlicher.

„Ich?"

„Ja du, was machst du da?"

„Ich? – Nichts. Ich fahre …"

„Ja?" Der Mann lächelte. Er war sympathisch. Ein sympathisches Lächeln.

„Ich fahre heim." Kaum hatte er es ausgesprochen, ärgerte er sich, daß er so bereitwillig Auskunft gab.

„Ja, das mag schon sein …", der andere kam näher. Lächelte noch immer. Ein, zwei Schritte vor Herrn Fonte blieb er stehen. „… aber nicht mit meinem Auto."

„Das ist mein Auto", erwiderte Herr Fonte reflexhaft. Es klang ein wenig trotzig.

„Ja?" Der Mann trat einen Schritt zurück, fluchte irgend etwas in sich hinein. „Das ist *dein* Auto? – Bist du sicher? Ja? – Bitte: Dann fahr! Vai! Geh! Fahr nach Hause! Ab. Ciao." Das klang nicht freundlich. Aber auch nicht gefährlich. Herr Fonte stand immer noch halb vorgebeugt, den Schlüssel auf Höhe des Schlosses. „Gut." Er versuchte ein Lächeln. Ihm war kalt. Die Jacke lag im Auto. Er steckte den Schlüssel in das Schloß und versuchte ihn zu drehen. Es ging nicht. Er versuchte es kein zweites Mal.

Er wußte, es war ein Spiel.

„Siehst du", sagte der Mann.

Herr Fonte zog den Schlüssel wieder heraus und richtete sich auf. „Ja, ja, ich sehe. Und weiter?".

„Das ist mein Auto."

„Ja. Ja. Ja", sagte Herr Fonte ungeduldig und schaute sich auf dem Parkplatz um. „Das ist dein Auto. Schon gut. Ich habe verstanden." Er wußte nicht, was er davon halten, wie er sich verhalten sollte. War es ein Spiel, vielleicht *Versteckte Kamera*, dann sollte er jetzt kein Spielverderber sein. Aber im Grunde war er gekränkt. Ihm war kalt. Er hatte noch eine weite Reise vor sich. Es kam ihm alles nur albern vor.

„Und wo ist dann mein Auto?" Brav, brav. Sag deinen Text, damit es schnell vorüber ist.

„Da."

„Wo?"

„Da." Es konnte kein Zweifel sein: Der Fremde zeigte mit der Hand auf den großen blauen *Ford*-Lieferwagen, der neben dem Fiat parkte.

„Nein, das ist nicht mein Auto."

„Was?"

„Das ist nicht mein Auto! Das ist überhaupt kein Auto, das ist …"

„Nicht der. Hier …", der Mann ging zur Vorderseite des Lieferwagens, winkte mit der Hand, „Komm … Schau! Hier ist er. Nun komm schon …"

Herr Fonte ging zu ihm hin, stellte sich neben ihn und tatsächlich parkte hinter dem Lieferwagen ein zweiter kleiner Fiat, der dem ersten aufs Haar glich. Dieselbe Bauart, dieselbe Farbe.

„Ist er das?"

Herr Fonte schaute von einem Auto zum anderen, konnte aber nicht sagen, welches seines war.

„Sehen sich ziemlich ähnlich, was?" Der Mann lachte.

„Ja."

„Gut, dann … Vielleicht solltest du jetzt …"

„Ja."

Der Schlüssel würde passen. Herr Fonte wußte es, bevor er es versuchte. Es war nur ein Spiel. *Versteckte Kamera*. Er würde den Schlüssel herumdrehen und dann würde etwas ganz Lächerliches passieren, der Mann würde ihm die Kameras zeigen und alles würde sich aufklären. Er ging zum Auto, steckte den Schlüssel ins Schloß, drehte ihn, aber nichts geschah. Keine Wunderkerzen, keine lachenden Moderatoren, keine Tonassistenten, die aus dem Lieferwagen sprangen. Nichts. Und vor allem eines: Das Schloß schnappte nicht auf. Er versuchte es noch einmal.

„Vielleicht hast du nicht abgeschlossen?"

Unmöglich, dachte Herr Fonte. Aber gehorsam legte er die Hand auf den Türöffner und klappte ihn nach oben. Die Tür schwang auf und die Innenbeleuchtung schaltete sich ein. Auf dem Beifahrersitz gähnte seine halboffene Aktentasche und in der Ablage lümmelte sein Fahrtenbuch neben einer halbleeren Flasche Mineralwasser.

„Also dann", der Mann trat von hinten an ihn heran und klopft ihm auf die Schulter. „Alles klar?"

„Ja."

„Certo?"

„Certo."

„Paß auf dich auf."

„Arrivederci", murmelte Herr Fonte, ohne sich noch einmal nach dem Mann umzudrehen.

Schon auf der Autobahn, konnte es Herr Fonte immer noch nicht fassen, daß er sein Auto unversperrt auf dem nächtlichen Parkplatz hatte stehen lassen. Mit der ganzen Ware im Kofferraum. Dem unbezahlbaren Widmungsexemplar der *Elixiere des Teufels*, dem Zwerenz so lange nachgejagt war. Sein Gesicht mochte er sehen, wenn er zu ihm sagte: „Ich hatte es schon in meinem Auto, aber dann …".

Wäre es nicht schon so spät, er würde seine Frau anrufen und ihr von dem Vorfall erzählen. Ein bißchen telefonieren hätte die Fahrt verkürzt. Herr Fonte schaltete das Radio ein. Er probierte zwei, drei

Sender, fand aber keine Musik, die er hören wollte. Er legte die Kassette mit Tschaikowskys Violinkonzert in D-Dur in das Kassettenfach, lehnte sich zurück und versuchte sich zu entspannen.

Der kleine Fiat keuchte die Serpentinen hinauf. Noch knappe zwei Stunden bis nach Wien. Das zog sich. Nächstens, dachte Herr Fonte, muß ich mir endlich ein neues Auto kaufen.

DIE PROBERAUMKÖNIGE

Das Haus, ein Holzhaus, war unbewohnt, der Proberaum ein ehemaliger Kohlenkeller. Im ersten Stock gab es noch eine zweite Band – wenn man das Band nennen konnte: Kiffer, die Musik machten. Oder Musiker, die zuviel kifften. Sie spielten schon seit über zehn Jahren zusammen, waren aber noch nie aufgetreten. Proberaumkönige eben …

Als er das erste Mal *oben* gewesen war, hatten sie ihn gleich zu einem Joint und einer Session eingeladen. Ersteres hatte er dankend abgelehnt. *Autobahn* nannten sie das Improvisieren; einfache Patterns, Klangteppiche, alles war auf den jeweiligen Solisten ausgelegt, die anderen waren Sherpas, die helfen mußten, den weißen Mann auf den Gipfel zu bringen. Aber man erreichte kaum das zweite Basislager, irgendwann versackte jemand in einem Schneeloch oder man verlor sich im Hochnebel aus den Augen und jeder spielte nur noch für sich. Es war nicht die Musik oder das Kiffen, um die es ging. Es war einfach nur eine Art, die Zeit herumzubringen. Wahrscheinlich würden sie in zwanzig Jahren immer noch da oben sitzen …

Er ließ die Eingangstür offen, polterte mit schweren Schritten die enge Holzspindel der Kellerstiege hinab, mied die Berührung mit der feuchten Mauer. Unten, wo das Licht von der Veranda nicht hinreichte, machte er das Feuerzeug an, atmete flacher, achtete auf die letzten Stufen. Der Kellergang glich einem Stollen, in dem sich der Schimmel- und Modergeruch staute, der aus dem Boden und den unverputzten Wänden drang. An Regentagen wie heute war es besonders schlimm.

Er schloß die schwere Brandschutztür auf, ließ sie zurückschwingen und verkeilte sie mit einem Feldstein. Wieder oben, verbrannte er sich, bei dem Versuch eine Zigarette anzuzünden, an dem heißen Feuerzeug die Finger. Er legte es auf das Holzgeländer der Veranda, zog sich die Kapuze über den Kopf, wartete.

Das Grundstück lag im Dunkel. Gegen die Hochhausfassade hin zeichneten sich die Umrisse der Sträucher ab, die am Zaun entlang gepflanzt waren. Eine einzelne hohe Tanne überragte das Haus, schirmte es mit ihren breiten Ästen gegen das Nachbarhaus ab. Er mochte den Baum. Dies alles – das Grundstück, das Holzhaus, die Äcker dahinter – hatte nichts mit der Stadt zu tun, den Beton- und Asphaltwegen, den breiten Ausfalls- und Umfahrungsstraßen, die an die Siedlungen grenzten. Er sah sich in diesem Bild: Die Kapuzengestalt unter dem Vordach des Holzhauses, im gelbschimmernden Licht der Lampe. Ein Bild wie aus einem Märchenbuch …

Dagegen: Weißes, kaltes Neonlicht beleuchtete die Eingänge des Hochhauses gegenüber. Drei Stiegen. Drei Eingänge. Halogenlampen auf den Wegen und dem Parkplatz davor. Einige Fenster waren geöffnet. Gardinen, kaum Vorhänge. Schatten dahinter. Schraffen von Regen. Verwischte Bewegung. Über ihm lief das Geräusch des Regens die Dachtraufe entlang. Große Musik. Er zog seine *sticks* aus der Jacke und begann damit auf das Holzgeländer zu trommeln; leichte, federnde Schläge aus dem Handgelenk heraus. Synkopen zuerst, dann *die Mühle*, eine Übung, die Porky ihm gezeigt hatte. Zweifellos hatten die Proberaumkönige viel Ahnung von Musik (er konnte nicht einmal Noten lesen), aber sie betrachteten es als eine Art Geheimwissenschaft. Er nahm das nicht so ernst. Hinstellen, proben, spielen – *instant music*. Je vertrackter, umso lieber. Aber so, daß es Spaß machte. Wie man schwierige *gaps* mit dem Skateboard einübt.

Georg verstand das nicht und die Proberaumkönige auch nicht. Georg war früher Bassist und Texter bei *Nova* gewesen, bis Helmut aufgetaucht war und ihm die Frau, sein Kind und den Platz in der Band weggenommen hatte. Kein Problem. Georg verstand sich gut mit Helmut. Alles blieb unter sich. Georg rührte seine Bassgitarre nicht mehr an, versoff sich, malte mit Buntstiften und schrieb nur noch

Gedichte. Er hatte den Proberaum einmal das „Troglodytenzimmer" genannt. Niemand hatte gelacht. Dann hatten sie zwei Stunden für eine Performance „geprobt", die nie aufgeführt worden war – nichts Neues: Patrick und er hatten ihre Nummern gespielt, laut, schnell und Georg hatte irgendwelche Texte dazu gelesen, einen Packen Zettel in der einen, eine Flasche *Eristoff* in der anderen Hand. Man verstand kein Wort, die Gitarre war zu laut, das Mikrophon lief nur über den kleinen Bassverstärker. Einmal hatten sie einen Übergang verpatzt und wieder von vorne angefangen ohne daß Georg etwas davon gemerkt hatte. Sein „Nittribitt! Nittribitt" hallte Martin noch in den Ohren, Patrick hatte einen Lachkrampf bekommen und wieder den Einsatz verpaßt, aber Georg hatte nur immer weiter „Nittribitt! Nittribitt!" gebrüllt, eine gute Minute lang, bis sie den Einsatz endlich hinbekamen. Georg war mindestens so verrückt wie die Proberaumkönige. Früher oder später würden sie sicher zusammenkommen.

Es war eine kleine Stadt.

Als sie eingezogen waren, hatten sie die Wände mit Thermosmatten tapeziert, die sie von Baustellen zusammengestohlen hatten. Man durfte die Matten nicht mit bloßen Händen berühren, sie waren durchsetzt mit Glasfasern, die leicht abgingen und sich in der Haut festhakten. Das Deckenlicht flammte auf: Gleich hinter der Tür das unbenutzbare Waschbecken, unter dem Syphonstumpf ein Malereimer über dessen Rand ein Gewirr aus Nickel- und Silberdrahtsaiten wucherte. Fetzen von Teppichboden über den angefaulten Dielen. An die Wand gerückt: Ein Sofa, vollgeräumt mit von der Feuchte verformten Kartons. Abgesplitterte, zerbrochene Trommelstöcke lagen herum. Ein Fahrradreifen. Gitarrenkoffer. Patricks Verstärker. Und neben dem Sofa zeigte ein klobiges Mischpult sein altes Maschinengesicht.

Er knipste den Ölradiator an, holte ein zweites Paar *sticks* aus dem Versteck unter dem Polster in der Fußtrommel, dann nahm er den Eindringling wahr, ohne ihn zu sehen, nahm *etwas* von ihm wahr, eine Bewegung vielleicht, etwas Lebendiges hinter dem Schlagzeug, etwas, das nicht hierhergehörte. Instinktiv sprang er zurück, mit zur Abwehr erhobenen Armen: „Hey", rief er erschrocken, aber es war nur ein kleiner Junge. Er *wußte*, daß es ein kleiner Junge war, obwohl er nur den Haarschopf über der *snaredrum* sehen konnte. Martin nahm die Hände herunter. An der Wand neben dem Schlagzeug lagen zwei Glasfasermatten auf dem Boden, daneben Kissen und Stofffetzen. Das Fenster stand offen. Der Junge hatte es aufgedrückt. Martin stopfte und keilte die Dämmung wieder in den Fensterrahmen, lehnte die zwei Matten an die Wand. Hoffte, daß der Junge hinter seinem Rücken davongelaufen wäre, aber als er sich umdrehte, stand er vor dem Radiator, die Hände über den Speichen. Pyjama und Haare naß vom Regen. Nicht zu nahe, dachte Martin, und setzte sich auf den Hocker hinter das Schlagzeug.

„Und jetzt?" Er sah den Jungen an. Der Junge hatte Angst. Er übertrieb sein Zittern. Kälte und Nässe. Nachhall von Angst. Er mußte die ganze Zeit über im Dunkeln gesessen haben.

„Du kannst nicht hierbleiben. – Das weißt du ...?"

Der Junge sah ihn an, sagte nichts. Martin schüttelte den Kopf. „Das geht nicht."

Vielleicht hier wohnen. Nachts Kohlrüben und Gurken stehlen in den benachbarten Gärten. Kleider von den Wäscheleinen ... – er hatte auf alles eine Antwort. Er hatte Tom Sawyer und Huckleberry Finn gelesen. Der Junge offensichtlich nicht.

„Das weißt du doch?"

Der Junge schaute ihn lange an, dann nickte er langsam.

Martin suchte in den Kartons nach einem Handtuch, fand schließlich eines, das nicht zu grindig aussah, warf es dem Jungen zu. Die alten Promo-T-Shirts kamen ihm in die Hand.

„Magst du die Band?" Er zeigte dem Jungen das T-Shirt.

„Mmh?"

Er warf es ihm hin: „Kannst es behalten ..."

Später stand der Junge in dem langen T-Shirt und mit nackten Füßen vor dem Ölradiator, auf den sie seinen Pyjama zu Trocknen gelegt hatten. Eigentlich ein Kind, dachte er. Ein Mädchengesicht. Sieben, vielleicht acht Jahre alt. Aber er ließ ihn in Ruhe. Fragte nicht.

Der Junge zog sich den Pyjama über das T-Shirt, knöpfte sich das Pyjamajäckchen sorgfältig bis zum Hals zu, schlüpfte in ein Paar ausgetretener Turnschuhe, die Martin in einer Sporttasche hinter dem Sofa gefunden hatte. Dann gingen sie hinauf. Martin schloß ab. Leuchtete mit dem Feuerzeug. Der Junge ging voran. Als sie auf der Veranda standen, zeigte der Junge auf das Hochhaus.

„Da drüben wohnst du?"

Es hatte aufgehört zu regnen. Vor der zweiten Stiege blieb der Junge stehen, sagte nur „Werner". Martin suchte nach dem Schild, fand aber nichts.

„Rauch", sagte der Junge. Er läutete. Fast unmittelbar antwortete der Türsummer.

Er ging neben dem Jungen her. Ganz im Kinderschritt des Kleinen. Folgte ihm zum Lift, vom Lift bis zur Wohnung. Am liebsten wäre es ihm gewesen, wenn der Junge einfach hineingegangen wäre. So stand er nur da. Klopfte nicht, läutete nicht. Bis es die Tür aufriß. Plötzlich. Der Kopf eines Mannes schnellte vor. Gesundheitsschuhe, Jogginghose, Trainingsjacke. *O Gott!* war alles, was Martin denken konnte.

Der Junge schlüpfte schnell an dem Mann vorbei in die Wohnung. Der Mann hatte ihn nicht einmal angesehen. Er hatte nur Augen für Martin.

„Und? Ist was?"

Eine Zeit lang geschah gar nichts. Dann drehte der Mann sich um und schloß die Tür. Martin blieb noch eine Weile vor der verschlossenen Tür stehen und horchte. Dann ging er hinunter. Er wollte zurück in die Stadt. Er wollte jetzt nicht alleine sein.

Auf den Holzstufen der Veranda sammelte sich das Wasser in kleinen Pfützen. Ein Nachtfalter taumelte aus dem Gartendunkel in den Lichtkreis der Lampe.

Es war still, alle Fensterläden waren geschlossen.

Trotzdem wußte der Junge, daß jemand im Haus war, *oben*, im ersten Stock. Er stand bei den Büschen am Zaun, die bloßen Füße im nassen Gras. Sein Kopf dröhnte, er war noch ganz benommen von den Schlägen. Es war nicht eine bestimmte Stelle, die weh tat, es war der ganze Kopf. Hohl und aufgeblasen. Die Müdigkeit machte seinen Kopf schwer, es fühlte sich an, als füllte er sich langsam mit Wasser.

Er wußte, daß die Müdigkeit den Kopf schwer machte, wußte es von dem Baby, wenn er es, auf- und abgehend, in den Schlaf zu wiegen versucht hatte. Oft hatte er, mit dem schlafenden Baby in den Armen, stundenlang am Fenster gestanden und auf das Haus und das Grundstück hinuntergesehen. Er kannte alle, die dort aus- und eingingen. Es waren seine Spielzeugmenschen. Der Junge mit den Trommelstöcken, der ihn heute zurückgebracht hatte … oder der kleine lustige Mann mit dem Silberbart, der jahraus jahrein dieselbe Jacke trug … Dieses Haus war sein Spielzeughaus; das Grundstück, die Tanne, die Äcker dahinter seine Spielwiese. Er konnte mit seinem Traktor darin herumfahren, er konnte seine Autos vor dem Haus parken lassen. Es war ein lebendiges Bild, in dem sich die Dinge veränderten, anders als das Zimmer und die Wohnung. Er träumte oft davon, daß er in dieses Bild hineingehen könne, tat es aber nie. Immer war es Nacht in diesen Träumen und er sah aus seinem Fenster auf das Grundstück, das Haus und die Felder hinab und je länger er hinsah, desto größer wurden die Dinge. Aber er schaffte es nur bis zu einem gewissen Punkt, das Bild und die Gegenstände zu sich heranzuziehen. Etwas fehlte. Etwas machte er falsch. Deshalb war er auch heute, als er versucht hatte in das Bild hineinzugehen, nur in diesem Keller gelandet. Er mußte warten ... es so lange ansehen, bis es von selbst auf ihn zukam ...

Plötzlich erlosch das Licht über der Eingangstür auf der Veranda. Der Junge riß die Augen auf, aber er konnte niemanden sehen, auf dem Weg nicht und nicht vor dem Haus. Eine Windbö fuhr in die Sträucher, der Wipfel der Tanne bog sich weit nach hinten, die Äste wurden an den Stamm gedrückt. Dann gingen auch in dem Hochhaus die Lichter aus. In der Dunkelheit nur der tobende Wind, ein Krachen und das Splittern von Holz Der Baum brach ... *Jetzt*, dachte der Junge, taumelte zurück gegen den Zaun und rutschte langsam daran zu Boden.

Früh am nächsten Tag erschien der Besitzer des Holzhauses, um es auf Sturmschäden zu untersuchen. Das Dach machte ihm Sorgen. Er ging mehrmals um das Haus herum. Nicht ein Ziegel war heruntergefallen. Die Musiker hatten wieder das Licht brennen lassen. Er bemerkte den kleinen Jungen nicht, der hinter den Büschen auf der blanken Erde lag. Spielende Kinder entdeckten ihn dort zwei Tage später. Er lag auf dem Bauch, den Kopf mit dem Gesicht nach unten, halb in die Erde gewühlt. Es sah so aus, als hätte jemand sein Gesicht so lange in die nasse Erde gedrückt, bis er daran erstickt war.

Martin erfuhr davon aus der Zeitung.

LEUCHTE

Die Leute. Was sehen die Leute? Einen Mann, der mit sich selbst spricht. Ein Schauspieler? Vielleicht. Vielleicht ein Verwirrter. Ein murmelndes Etwas, ein menschliches Irrlicht. Vielleicht. Vielleicht sprechen wir dieses Lämpchen an. Du, Murmelmännchen … Nein, wir sprechen es von der Ferne an. Von ganz weit weg. Von über der Straße. Dort sehe ich den stählernen Brückenbogen, durch dessen Brustkorbgeripppe die Straßenbahn fährt. Im Führerstand brennt Licht. Ja, sprechen wir dieses Lämpchen an! Singen wir den Straßenbahnführer in die Gegenwart! Es ist nur ein kleines Lämpchen. Es leuchtet nur nachts. Am Tage sieht man ihn gar nicht. Nicht von hier aus. Nicht von hier unten. Da sieht man die erleuchtete Fahrerkabine. Die erleuchteten Waggons. Den Lichterzug. Aber kein Lämpchen mehr. Am Tag nicht und nicht in der Nacht. So klein ist er.

Besser, ich gehe jetzt weiter. Wo man stehenbleibt, entsteht eine Stille. Dieser Winter. Immer sind die Füße naß. Bis auf die Socken sind die Füße naß. Die Gummisohle lappt. Alles ist naß da unten. Deshalb redet man ja. Wegen der Stille. Die Stille ist Wasser. Wo das Wasser ist, sind wir nicht, sagt Viktor. Die Luft kann in uns sein. Ja. Der Atem. Die Luft atmen wir in die kleinsten Gefäße hinein. Aber das Wasser nicht. Wenn wir uns verflüssigen, sterben wir. Langsam weichen wir auf. Die Kanäle platzen. Langsam sickern wir ein. Wie ein Geruch durchfeuchten wir die Erde. Aber was wir ein- oder ausatmen, berührt uns nicht. Der Rest ist Matsch, Haare, Knochen. Gern wäre ich Treibsand. Tückische Erde. Oder ein Fortsatz. Eine Fortsetzung von etwas. Hier bin ich nichts. Ein Ende … von nichts. So ist alles an seinem Platz. Schau hin: Das Vergangene war immer schon vergangen. Das Verlorene fort. Weit fort. Ich gehe fort. Ich bin ein Ende, sagt Viktor. Also gehe ich fort. Wo ich stehen bleibe, rinnt mir das Wasser aus den Füßen. Je länger man stehen bleibt, desto mehr nimmt die Kälte zu. Das Wasser wird zu Eiswasser. Die Füße wachsen in den Erdboden hinein. Also gehe ich fort. Stille ist, wenn man nicht spricht, sagt Viktor. Stille ist, wenn man nicht denkt. Stille ist, wenn die anderen sprechen. Wenn die anderen denken. Wenn die anderen gehen. Gehe ich fort, spreche ich, sagt Viktor. Immer spreche ich still vor mich hin. Ich will ja niemanden stören. Was die Leute denken. Ja, die Leute. Still sind die Leute, wenn ich spreche. Die Plakate schweigen. Schweige ich, bin ich am Ende. Schweige ich. Gehe ich fort. Aber wohin kann einer gehen, einer wie ich? In der Sprache ist der Lärm am Ende, sagt Viktor. Das

Gerede. Die Straßenbahnen fahren nicht mehr. Nur die Sprache treibt sie an. Sprache wie Elektrizität, elektrischblau. Sprache wie Erdöl, dunkel und schwer. Erdsprache. Helle Wasserworte. Ja, denke ich: Zuerst war die Sprache. Kein Laut. Wo die Sprache ist, ist der Laut am Ende. Gehe ich, spreche ich. Spreche ich, gehe ich in den Lärm hinaus. Ist die Sprache am Ende, bin ich angekommen. Hat sich das Sprechen aufgehört. Ein paar Vokale noch, Seufzer vielleicht, dann sickere ich in die feuchte Erde. Wie ein Gerücht breite ich mich aus. Unter den Menschen weiß keiner etwas. Hört keiner etwas. Solange man spricht, ist die Sprache am Ende. Die Sprache will in mir an ein Ende kommen. Das ist ein Anfang. Ein erstes Gestammel. Nur das Geschwätz ist endlos. Niemand erinnert die Erde. Am Anfang war das Gestammel – nein: Die Gischt in den Mäulern. Erstes Sprechen. Erste Sprache. Noch deutlich flüssig. Überflüssig. Also durchfeuchten wir die Welt. Kinderfahnen sind die ersten Laute. Ein Gestammel. Aber man weiß schon, was gemeint ist. Lieber noch sehe ich. Was die Leute denken. Immer aber sieht man, was die Leute sind. Ein Gestammel. Die Stirn bewölkt oder einen Pony in die Stirn gescheitelt, eine Haarhaube über den Augenbrauen. Das alles ist Mund. Erstes Maul. Hinterkopf um Hinterkopf. Das alles ist Mund. Erstes Sprechen. Muttersprache. Ich sage: Dein Körper ist der Mund deiner Gestalt. Wie schön du bist. Und schau: Dort hat sich eine Daunenjacke in die Welt gesungen. Jeder spricht, wie er kann. Zuerst sprechen wir uns aus – das ist das Leben. Dann schwitzen wir uns in die Erde hinein – das ist der Tod. Zuerst ist die Sprache nur ein Wollen, später ein Sein. Und? Warum nicht? Wen schreckt der Kopfbahnhof, wenn er auch rückwärts fahren kann, in die Röhre geschoben wird wie ein Braten, durchleuchtet, gescannt und wieder herausgehoben. Was du auf dem Bildschirm siehst, fehlt dir im Kopf. Also gehe ich weiter. Spreche in mich hinein. Das Verlorene. Die Farbflächen, die Schnittflächen meines Gehirns. Sind schon viele aus dem Gleis gesprungen. Aus sich selbst hinaus. Vor die Schienen. Vor den Zug. Auf den Bahnsteigen haben immer zwei dieselben Mäntel an. Ich erinnere mich an das Wort Fischgräten. Ich erinnere mich an das Narrenkleid des Verrückten in dem Landgasthaus. Immer wieder rieb er seine Knöchel am Revers. Als wollte er seine Knöchel polieren. Graugrüner Fischgrätanzug. Ich spreche die Erinnerung in meinen Mantel hinein. Ein wenig Erinnerungsdampf in die Kälte der Stadt stoßen. Wäre ich ein Schornstein, wünschte ich mir einen Nebel. Die Auflösung der Stadt. Einen

Nebel. Ja, das wäre eine Feuchte. Knietief über die Zebrastreifen waten. Was? – Wo sind wir? Die Leute. Was sehen die Leute? Einen Mann, der mit sich selbst spricht. Ein Schauspieler? Vielleicht. Vielleicht ein Verwirrter. Ein murmelndes Etwas, menschliches Irrlicht. Vielleicht. Vielleicht sprechen wir dieses Lämpchen an.

Alfred Goubran

Jahrgang 1964, geboren in Graz,
aufgewachsen in Kärnten, lebt in Wien.

Umfangreiche literarische Tätigkeit als Schriftsteller,
Rezensent, Übersetzer (*Der parfümierte Garten,
Die gelbe Tapete*), Herausgeber (*Staatspreis. Der Fall
Bernhard*) und Verleger (edition selene).

Mitglied des Moscow Poetry Club.

Zahlreiche Publikationen, zuletzt:
Der Pöbelkaiser, Ein Brief, 2002
Tor, Erzählung, 2008

Inhalt